《道德经》与幸福人生

楚帛今本　通章导读　字词注释　白话译文

邹鹏　编著

中国民族文化出版社
北京

图书在版编目（CIP）数据

《道德经》与幸福人生 / 邹鹏编著 . -- 北京：中国民族文化出版社有限公司, 2025.1

ISBN 978-7-5122-1845-1

Ⅰ. ①道… Ⅱ. ①邹… Ⅲ. ①《道德经》—研究 Ⅳ. ① B223.15

中国国家版本馆 CIP 数据核字 (2024) 第 033617 号

《道德经》与幸福人生
《DAODEJING》YU XINGFU RENSHENG

编　　著	邹　鹏
责任编辑	赵卫平
责任校对	李文学
出 版 者	中国民族文化出版社　地址：北京市东城区和平里北街 14 号
	邮编：100013　联系电话：010-84250639　64211754（传真）
印　　装	武汉鑫佳捷印务有限公司
开　　本	710 mm×1010 mm　1/16
印　　张	16
字　　数	373 千字
版　　次	2025 年 1 月第 1 版
印　　次	2025 年 1 月第 1 次印刷
标准书号	ISBN 978-7-5122-1845-1
定　　价	88.00 元

版权所有　侵权必究

前　言

　　人的观念意识提升，有助于综合能力提升；人的综合能力提升，有助于成就幸福人生。而博大精深、辞微旨远、包罗万象的《道德经》，就是有助于提升观念意识，提升综合能力，助力幸福人生的一盏指路明灯。当下，我们面临诸多挑战和机遇，如果能够借鉴《道德经》中的理念要义，或许可以找到解决问题的新思路和方法。

　　本书重点解析《道德经》的主旨要义，阐述《道德经》中的道家思想学说，实践并助力于幸福人生，可具体应用在如下方面。

　　一、本书可对读者朋友们在为人处世、修心养生、经商创业、子女教育等立身处世方面的自我提升，提供参阅。

　　二、本书对《道德经》原文的注译、诠释，参考了经、史、子、集有关资料的大量论述依据，可供诸子之说，尤其是道家学说等中华优秀传统文化爱好者作研习参考使用。

　　三、本书附文有《道德经》楚简（战国）本、帛书（秦汉）本，可供《道德经》等国学经典爱好者作工具书使用。另附有今综合本注音版，可供经典诵读爱好者作朗读使用。

　　四、本书对《道德经》原文的解读，参考了诸多明师学者、资料典籍的专业阐述，借鉴古往今来践行正己助人的成功人士的处世之道。本书可供社会各界朋友在进行工作、学习、事业等方面的培训时，作学习资料使用。

目 录

老子五千言的由来 ··· 1

体会道德之义·通达幸福人生 ································· 3

阅读说明 ··· 5

第一篇　观道 ·· 001

　第 一 章　众妙之门 ·· 002
　第 二 章　有无相生 ·· 006
　第 三 章　无为而治 ·· 009
　第 四 章　和光同尘 ·· 011
　第 五 章　天地之间 ·· 013
　第 六 章　天地之根 ·· 015
　第 七 章　天长地久 ·· 017
　第 八 章　上善若水 ·· 018
　第 九 章　功遂身退 ·· 021

第二篇　体道 ·· 023

　第 十 章　玄德无为 ·· 024
　第十一章　无以为用 ·· 026
　第十二章　五欲之治 ·· 028
　第十三章　宠辱若惊 ·· 030
　第十四章　古今道纪 ·· 033

I

第 十 五 章　善为士者 ………………………………… 035
　　第 十 六 章　致虚守静 ………………………………… 038
　　第 十 七 章　成事遂功 ………………………………… 040
　　第 十 八 章　孝慈仁义 ………………………………… 042

第三篇　悟道 ……………………………………………………… 045
　　第 十 九 章　见素抱朴 ………………………………… 046
　　第 二 十 章　独异于人 ………………………………… 049
　　第二十一章　孔德之容 ………………………………… 052
　　第二十二章　抱一为式 ………………………………… 054
　　第二十三章　同道同德 ………………………………… 056
　　第二十四章　道者不处 ………………………………… 058
　　第二十五章　道法自然 ………………………………… 060
　　第二十六章　戒轻戒躁 ………………………………… 062
　　第二十七章　尊师重道 ………………………………… 064

第四篇　行道 ……………………………………………………… 067
　　第二十八章　朴散成器 ………………………………… 068
　　第二十九章　天下神器 ………………………………… 070
　　第 三 十 章　善者果己 ………………………………… 072
　　第三十一章　道不处兵 ………………………………… 074
　　第三十二章　道常无名 ………………………………… 076
　　第三十三章　不失其所 ………………………………… 078
　　第三十四章　自不为大 ………………………………… 080
　　第三十五章　执大象往 ………………………………… 082
　　第三十六章　以柔胜刚 ………………………………… 084

第五篇　至德 ……………………………………………………… 087
　　第三十七章　道常无为 ………………………………… 088
　　第三十八章　处实不华 ………………………………… 090
　　第三十九章　至誉无誉 ………………………………… 093

第 四十 章	道之运用	095
第四十一章	善始善成	096
第四十二章	三生万物	098
第四十三章	不言之教	100
第四十四章	知足知止	102
第四十五章	清静为正	104

第六篇　善德 …… 107

第四十六章	知足之足	108
第四十七章	不为而成	110
第四十八章	为道日损	112
第四十九章	圣人之心	114
第 五十 章	善摄生者	116
第五十一章	尊道贵德	118
第五十二章	复归其明	120
第五十三章	大道甚夷	122
第五十四章	善行天下	124

第七篇　厚德 …… 127

第五十五章	含德之厚	128
第五十六章	玄同之贵	130
第五十七章	以正治国	132
第五十八章	光而不耀	134
第五十九章	积功累德	136
第 六十 章	德交归焉	138
第六十一章	邦交天下	140
第六十二章	天下之贵	142
第六十三章	犹难无难	144

第八篇　施德 …… 147

第六十四章	千里之行	148

III

第六十五章	天下大顺	150
第六十六章	百谷王者	152
第六十七章	持守三宝	154
第六十八章	古今之极	156
第六十九章	哀者胜矣	158
第 七十 章	被褐怀玉	160
第七十一章	知不知知	162
第七十二章	无厌其生	164

第九篇　道德 ……167

第七十三章	天网恢恢	168
第七十四章	司杀者杀	170
第七十五章	贤于贵生	172
第七十六章	柔弱处上	174
第七十七章	天道犹弓	176
第七十八章	正言若反	178
第七十九章	常与善人	180
第 八十 章	小国寡民	182
第八十一章	利而不害	184

附文一　楚简本《道德经》简介与原文 …… 186

附文二　帛书本《道德经》简介与原文 …… 193

附文三　诵读《道德经》（今综合本注音版） …… 209

老子五千言的由来

先秦时期道家代表人物老子所著的《道德经》，又名《老子》《道德真经》《老子五千言》等，是历史上最伟大的著作之一，其提出的"虚怀若谷""无为而治""利而不害"等思想学说，对古今中外的人文世界产生了重要且深远的影响。例如，汉文帝、汉景帝曾将"黄老之学（黄帝与老子的思想学说）"作为治国思想，开创了"文景之治"的盛世。而关于老子和其所著《道德经》由来的正史记载如下（下文据司马迁著《史记·老子韩非列传》中有关原文译释。——编者注，后同）：

老子是楚国苦县厉乡曲仁里（今河南鹿邑）人。姓李，名耳，字聃，曾任掌管周朝藏书室的史官。

孔子曾前往周朝都城，请教礼治（即请教周朝礼治的方式，但此时周朝正日渐衰朽）方面的问题于老子。老子回答："你所说的礼治，倡导的人和骨头都已经烂没了，如今只有言论还在。何况君子时运来临时如同策马奔腾，时运不济时就像蓬草枯萎。我听说，人最大的收获是能够虚怀若谷，君子厚德而外表却流露愚朴。摒弃你的骄气与私欲，摒弃你的自大自是与轻浮的志向，这些都是对你自身没有好处的。我能回答你的，只有这些而已。"孔子离去以后，对弟子们说："鸟，我知道它能够飞翔；鱼，我知道它能够游泳；兽，我知道它能够奔跑。会跑的能用网捕获它，会游的能用渔具钓住它，会飞的能用箭射取它。而至于龙，我不知道是怎样乘风上天的。我今天见到老子，他就像一条龙啊！"

老子研修道德，以摒弃自是，遵循自然无为来作为处世之道。他住在周朝都城很久后，见朝政恣意妄为不进良言且彻底走向衰败了，于是便离开此地。行进到函谷关（今河南函谷关镇境内）时，关令尹喜对他说："您就要隐居了，恳请您为我们写一本书吧。"于是老子便撰写了一部分上下两篇，阐释道德要义，共五千余字的经典文本（今《道德经》）后离去，不知所终（老子出函谷关后的去向，可参阅《后汉书·襄楷传》等有关记载)。

据说，老莱子也是楚国人，著书十五篇，阐释的是道家的处世之道，和孔子是同一时代的人。

据说老子活了一百六十多岁，还有的人说老子活了二百多岁，这是因为他能够遵道而行才能够长寿的。

孔子去世后一百二十九年，据史书记载周朝的太史儋会见秦献公（秦元王嬴连）时，曾预言说："当初秦国与周朝联合，联合了五百年而又分开了，分开七十年之后，就会有一位霸统天下的人出现。"有的人说太史儋就是老子，也有的人说不是。世上没有人知道哪种说法正确。老子，是一位真正的隐世君子啊。

据说，老子的儿子叫李宗，曾任魏国的将军，封地在段干。李宗的儿子叫李注，李注的儿子叫李宫，李宫的玄孙叫李假，李假曾于汉文帝刘恒时期任职。而李假的儿子李解，曾担任胶西王刘卬（汉高祖刘邦之孙）的太傅。因此，当时的李氏门府就定居在齐地（今山东境内）。

现下，凡研习老子者，大多抵触研习儒学之人，而研习儒学者也大多抵触研习老子之人。所谓"道不同不相为谋"，难道是在说这种情况吗？而老子在《道德经》中明确指出："我无为而民自化，我好静而民自正。"

体会道德之义·通达幸福人生

《道德经》宛如一颗璀璨明珠，其光芒穿越千年，至今仍熠熠生辉。而在这深邃的经典中，"道"与"德"二字更是蕴含着无尽的奥秘。

在众多汉字中，为何独选"道"字来代表《道德经》中的"道"？从字形演变探寻，答案便逐渐清晰。

| 金文 | 楚帛 | 小篆 | 楷体 |

通过对金文、楚帛、小篆、楷书等"道"字（其中甲骨文缺失）的字形象意进行研究，可以看出，"道"字的初始本义是指用首（头脑）行走在道路上的人，之后又指方向、道路、通达，继而衍生出志向、引导、高明等意。由此，"道"字又逐渐拓展出理念、表述、方式方法与技能、慈爱道义、自然法则和规律、天地万物的本质等丰富含义。

比如，《说文》言"道，所行道也"，《汉书·天文志》谓"日有中道，月有九行。中道者，黄道，一曰光道"，这两处的"道"指方向、道路、行进和运行轨迹；《师说》"传道受业解惑也"的"道"，指理念；《管子·君臣上》"是故有道之君，正其德以莅民，而不言智能聪明"中的"道"，指处世高明；《史记·李将军列传》"万户侯岂足道哉"之"道"，指表述；《过秦论》"行军用兵之道，非及曩（又作"向""乡"）时之士也"之"道"，指方式方法或技能；《易传·系辞上》"道济天下"，彰显慈爱道义；《庄子·养生主》"臣之所好者道也"之"道"，指自然法则和规律；《周易·系辞》"一阴一阳谓之道"的"道"指天地万物的本质。

在上述含义的基础上，"道"字还有学派、学术、学说、宗教及其教理教义等含义，如道家、玄学、道教等，再如从古希腊时期至今，西方哲学界与各意识形态宗派中，对自然与生命学的学术阐释。《道德经》的成书，更赋予了"道"字集成性的理念要义和运用准则。总之，无论是古今中外还是东方西方，人们对"道"的理解、运用和阐释，不断深入，以此探索天地自然的客观规律。故而，用"道"这个字指代《道德经》所述的"道"，实在是精妙恰当。

那么，《道德经》中所述的"德"又该作何理解呢？

| 甲骨文 | 金文 | 小篆 | 楷体 |

从"德"自甲骨文时期至今的字形象意演变过程中可以看出，"德"字的本义是用眼（心）走直（正）方向或道路（"德"古时还写作"悳""惪""意"等，例如《道德经》楚简本中的"德"就写为"悳"），之后又逐渐衍生出承纳、度量、进取、攀升、品行、恩惠、慈爱等含义，如《说文》言"德，升也"。同时，古时"德"与"得"通假，所以"德"还能表示"得到"，如《道德经·第四十九章》的"善者吾善之，不善者吾亦善之，德善"，《墨子·节用上》的"是故用财不费，民德不劳"。

综上所述，在《道德经》中，"德"意味着领悟"道"的含义并"遵道而行"。这里的"道"，既是天地万物的本源和本体，也是天地万物发展变化的原动力和自然运行的规律，更是有志者为人处世的至上准则；而"遵道而行"，则是运用"道"的内涵，践行人与自我、他人、社会以及自然界之间"利而不害"的和谐共处之道。因此，《道德经》中的"道"与"德"是相辅相成的关系，只有领悟"道"的理念要义并遵循"道"去处世，才能真正达到"德"的境地。这可以启示我们如何更好地理解自我与外界的关系，帮助我们提升综合能力以应对生活中的各种问题，指导我们如何在日常为人处世、修心养生、经商创业、子女教育等方面做得更好，以至通达幸福人生。

上述分享，不过是"道德之义"的一丝微光，若渴望深入理解"道"的博大精深，接下来本书将带你穿越时空，探寻老子道启鸿蒙的思想源泉，领略"道"的无限奥妙，让"道"的光芒照亮幸福人生之道。

阅读说明

《道德经》中的每一篇章句及字词，有其具体的要义所指，而通过对前后篇章句词的深入理解，又会发现更高境地的博识远见。所以，本书对《道德经》的解析内容，主要以阐述《道德经》的主旨为宗旨；以遵照原文章句的系统逻辑，研究汉语语义古今演变的源流为基准，便于当代理解；以参校取考相关典籍中的有关论述，以及百家明师论道阐述的有关著作，再结合道家智慧当下实践运用的总结。本书的解析方式，是针对《道德经》原文进行通篇、通章、通字、通词、通句的解读分析阐述，并以篇题章目、导读、字词注释、译文等形式呈现。接下来对本书主要内容构架，做如下具体说明。

一、《道德经》各古本对照

通过对《道德经》不同版本，进行章句字词语序、语法等方面对比后得知：无论是楚简本、帛书本，还是河上公本、王弼本或其他本，甚至是帛书甲本与乙本等所有版本之间，都存在或多或少的差异。可以总结为，距离《道德经》成书时期越近的传抄版本，其文本表述形式越古朴（可能越近似原文本）；距离当今越近的传抄版本，其文本表述形式越便于阅读理解。而目前已知的各流通版本，虽然多因距离《道德经》成书年代久远，难免因传抄状况不同存在差异，但皆融入了古往今来历代传抄译释者的用心参校取考，皆未偏离圣人老子阐道的宗旨与要义（详见本书正文部分字词注释中，列举的各版本字词比照说明，以及附文）。

二、今综合本（即本书的原文）

目前，《道德经》的原文版本众多。本书的《道德经》原文，是在当代通行本与河上公本、王弼本的基础上，重点借鉴楚简本与帛书本的要点，参考想尔、傅奕、严尊等注本整理的。此原文版本，可以称作"今本"，或"今综合本"。同时，本书另附有楚简本、帛书本、今综合本（注音）原文。

三、篇题章目

为进一步方便读者理解《道德经》的主旨要义，方便读者阅读，本书在不更改原文顺序的基础上，将《道德经》的八十一个章节，依次每九个章节归为一篇，共九篇，分别标注篇题及启示，并给原每一章节标注章目。

四、导读

主要是针对《道德经》中八十一个章节的次序与前后逻辑的要义，做连通前后章句词义的导读阐述。

五、字词注释

本书解析内容中的字词注释部分，主要是针对今综合本的疑难与生僻字词，以及楚帛等不同版本的章句字词差异，给出相应的释义、说明。同时，前面内容已注释过的字词，后面再次出现时，基本不再注释（重点及特殊处除外）；对于注释字词的具体解读，是以被注释的字词，在对应篇章中的所指含义为主，同时列举部分参考资料；参考资料中出现的第××章是指今综合本等对应的章节。为了方便读者朋友们阅读下一节内容，现将《道德经》中多次出现的代词、助词等，对应其在原文本中的含义，做以下基本说明。

故： 所以，因此。
而： 作为代词或助词使用。
之： 作为代词或助词使用。
皆： 都，都是。
矣： 多用在句末，跟"了"相同。
焉： 语气助词，相当于"啊"。
吾： 我。
兮： 助词，同于"啊"。
乎： 常用于表示疑问或反问，多与"吗"同。
邪： 助词，同"耶"，作为疑问或感叹的语气词。
莫： 副词，不，不能。
亦： 也。

甚：很是，极致。

是谓：这就是说……，这就叫作……。

是以：所以，因此。

六、译文

针对对应章节和前后章节的文序，用当代白话的形式，进行通俗易懂的解译叙述。

第一篇 观道

唯有静观天地万物的自然之道
方能体会圣人至上的处世之道

第一章　众妙之门

导读

《道德经》开篇所说的"道"究竟是什么意思呢？在这部经典中，会循序渐进地给出答案。例如，本书第八十一章就明确指出"圣人不积，既以为人，己愈有；既以与人，己愈多。天之道，利而不害；人之道，为而不争"的准则。本章将重点阐释这里所述的"道"的基本特征和功用，"道"是通过"无"和"有"的这两种形式，来生养天地万物的，也就是说天地万事万物的生长，皆离不开"道"的奥妙功用，进而可以说通晓了天地万物的一切奥妙所在，就能够以此助力打开通达幸福人生的奥妙之门。

原文[*]

道[①]可道[②]，非常道[③]；名[④]可名[⑤]，非常名[⑥]。无[⑦]，名天地[⑧]之始[⑨]；有[⑩]，名万物[⑪]之母[⑫]。故常无，欲以[⑬]观其妙[⑭]；常有，欲以观其徼[⑮]。此两者同出[⑯]而异名[⑰]，同谓[⑱]之玄[⑲]，玄之又玄，众妙之门[⑳]。

[*]楚简本本章缺失。

字词注释

① 道：开篇所述的"道"，其含义将在本章及之后全文中循序阐释。

② 可道：可以表述，可以称说。参《史记·李广列传》"万户侯岂足道哉"。

③ 非常道：非同寻常而又永恒长存的处世之道。也可释为用语言文字表述出来的道，非永恒常存之道。常：非同寻常、真常永恒之意。楚简本与帛书本中多为"恒"；其他本中多为"常"，这是为了避"汉文帝刘恒"的名

讳，特将"恒"改为"常"。"常"与"恒"可通释。参《周易·归妹》《象》曰：'利幽人之贞'未变常也"，其中的"常"即为"恒"；《说文》"恒，常也"。

④ **名**：道的名分作用、功用及称呼。参第二十一章"其名不去，以阅众甫"，第二十五章"字之曰道，强为之名曰大"，第三十二章"始制有名"，第三十四章"可名为大"，《说文》"名，自命也"。

⑤ **可名**：可以称是。参《虞初新志》"不能名其一处也"。

⑥ **非常名**：非同寻常又永恒常存的功用。此处的名，指因其名分作用而产生的具体功用。参《与王修书》"名实相符，过人甚远"。

⑦ **无**：在原文中，"无"用作名词时指虚无、虚空、没有，作副词时指不、勿要。楚简甲、乙本中部分为"亡"，丙本中多为"无"；帛书甲、乙本中有几处写作"毋"；其他本多见"无"。古"无"通"毋"。参《说文》"无，亡也"。

⑧ **天地**：天地万物。在中国古时的经典哲学观中，"天"指至高无上，"地"指厚底无下。参《说文》"天，颠也，至高无上""地，元气初分，轻清阳为天，重浊阴为地。万物所陈具也"。帛书甲本与乙本中此处为"万物"，其他本多见"天地"。

⑨ **始**：创生之始，根本，本原。参第三十二章"始制有名"，第五十二章"天下有始，以为天下母"。

⑩ **有**：在原文中多指存在、拥有、出现、计量比较。楚简本与帛书本中多为"又"字，其他本多为"有"。"有"同"又"。

⑪ **万物**：万事万物。

⑫ **母**：孕育生养之母，承载之母。参第二十五章"周行而不殆，可以为天下母"。

⑬ **欲以**：借此。"欲"也可指私欲、自是的观念。参《史记·魏公子列传》"（侯生）直上载公子上坐，不让，欲以观公子"。

⑭ **观*其妙****：观见（xiàn）天地的奥妙。**其**：在本章中可借指透外观内、甄选或去除等意，还可同其他章作代词或连词使用。在楚简本中见有"亓"及"丌"；帛书甲本德篇中皆为"亓"，道篇为"其"；帛书乙本上下篇皆为"亓"；其他版本多见"其"。古"其"与"亓""丌"同。**妙**：奥妙，玄妙，精妙。在楚简本中，"妙"字所在的章句字词有缺失；帛书本中多为"眇"；其他本多见"妙"。古"眇"通"妙"。参第十五章"微妙玄通"，第二十七

章"是谓要妙"。

*"观"据《说文》的阐释,"观"被释为"谛视",而"谛"意为"审","审"又表示"悉","悉"即"详尽"。由此深入领会,《道德经》中的"观",绝非寻常意义上的简单目视,而是要以澄澈无碍的心境,来展开深入、细致且全面透彻的洞察,从而努力探寻那"道"所蕴含的深邃幽微且"无形"的精妙奥义。再由《说文》中"视"为"瞻"、"瞻"指"临视"、"临"为"监临"、"监"即"临下"、"下"指"底"的记载来考量,《道德经》里的"观",有着从高处俯瞰以及谦逊处下的深意。而此等俯瞰或者处下的情境并未局限于物理空间,还超越了物质层面,达到精神与认知境界。这种"观"仿若立身于至高的精神巅峰,审慎打量世物的外在表象形态:好似自巍峨山巅俯瞰广袤大地,又如于幽深山谷仰观浩渺苍穹,借此体悟"道"所呈现的旷远无垠且"有形"的迹象与表征。

**"妙"还可指万物自然生长的势态(岂不妙哉)。参《说文》"眇,急戾也""戾,曲也。从犬出户下。戾者,身曲戾也(犬从关着的门挤出,身必弯曲)";第二十二章"曲则全,枉则直";《正字通》"凡曲而不伸者皆曰屈";第五章"天地不仁,以万物为刍狗""天地之间,其犹橐籥乎?虚而不屈,动而愈出";第四十五章"大直若屈"。

⑮ **观其徼**(jiào):观见天地万物所呈现的外在现象。"徼"字在帛书本为"噭",通"叫",喻呼喊,借指表现出来的;其他本多为"徼",指外界、边缘。参《说文》"噭,吼也",考《礼记·曲礼上》"毋噭应"。再参《说文》"徼,循也",再考《徐霞客传》"复寻金沙江,极于牦牛徼外"。

⑯ **此两者同出**:"无"和"有"同出于道。参第四十章"天下万物生于有,有生于无",又参第三十二章"道常无名",再参第四十一章"道隐无名"。

⑰ **异名**:名称不同。

⑱ **同谓**:同样是谓。

⑲ **玄***:本章出现的三个"玄",分别从不同角度描述"无""有"之"道"的特征。其中,第一个"玄"指其奥妙无穷,第二个"玄"指其体量幽深旷远(既深邃无限又广袤无边),第三个"玄"指其作用可生养天地万物。辅阅《西游记》"难!难!难!道最玄"。正参《荀子·正名》"异物名实玄纽";《说文》"玄,幽远也。黑而有赤色者(黑红交融)为玄";《说文·段注》"黑,

北方色也""赤，南方色也"；《三命通会·卷一》"水，北方子之位也。子者，阳之初一，阳数也""火，南方午之位也。午者，阴之初二，阴数也"；《黄帝内经·素问》"阳化气（无），阴成形（有）""故清阳为天，浊阴为地"；第四十章"天下万物生于有，有生于无"；第三十二章"天地相合，以降甘露"。又考究《周易·象辞》"水在火上，既济。君子以思患而豫防之"，释为离（火）下坎（水）上之象，喻指火烹食物已熟，炎旱得雨而润，象征有无同出，天地相合，阴阳交融，万事万物自然势成。所以有志之人当思宠辱之患，体悟众妙之规律，慎终如始。

* 综上所述，又参《周礼·春官·大宗伯》"以玄璜礼北方"，《淮南子·天文训》"北方，水也"，《庄子·外篇》"知北游于玄水之上"，可知"道"与"玄"微妙相连，而"玄"与"水"玄通相关。所以，探寻"水"之源以悟众妙之门，详见第八章"上善若水"原文及有关解读。

⑳ 众妙之门：一切奥妙的门径，自然规律。

译文*

这里所述的道，既是非同寻常，又是永恒常存之道；其名分作用，更是非同寻常，又是永恒常存的功用。"无"是天地的创生之始，"有"是万物的孕养之母。因此，常从"无"中，能够观见道的奥妙；常从"有"中，能够观见道的边界。而上述的"无"和"有"皆出于道，只是名称不同，但作用同样玄奥无穷，既幽深旷远又生养天地万物，是一切奥妙的法门。

* 原文首句还可译为：可以用语言文字表述的道，并不是真实永恒的道；可以用语言称呼的名，并不是真实永恒的名。

第二章 有无相生

导读

上一章重点阐释了"道"的基本特征和功用,还阐释了"道"是通过"无"和"有"这两种形式生养天地万物的。也就是说,天地万事万物的生长皆离不开"道"的奥妙功用;还可以说,通晓了天地万物的一切奥妙所在,就能以此助力通达幸福人生的奥妙之门。本章将重点阐释:天下之所以会呈现万事万物,其根源在于"有无相生"的法则,即互相对比而呈现;圣人会据此采用"处无为之事,行不言之教"等准则,作为其处世之道,最终达成"夫唯弗居,是以不去"的境地。

原文*

天下[1]皆知美[2]之为美,斯[3]恶[4]已;皆知善[5]之为善,斯不善已。故有[6]无[7]相生[8],难易相成,长短相形,高下相倾[9],音[10]声[11]相和,前后相随。是以圣人[12]处无为[13]之事,行不言之教[14]。万物作[15]焉而不辞[16],生而不有[17],为而不恃[18],功成而弗居[19]。夫唯弗居,是以不去[20]。

*在楚简本、帛书本、道藏本原文中,"有无相生"至"前后相随"六句的"相"字前多见有"之"字。

字词注释

① **天下**:普天之下,万事万物,宇宙,世界。
② **美**:美好,喜欢。
③ **斯**:这个,这是。帛书甲本是"訾"字,读 zī,本意为嗟叹,在这里作代词用。

④ **恶**：不美好的，丑恶的。

⑤ **善**：善行，慈举，擅长，妥当，良好。

⑥ **有**：有名称的，有形有象的，能够表达的。

⑦ **无**：无象，无声，无形，没有名称的，无法表达的。

⑧ **相生**：互生。

⑨ **相倾**：互相对照。楚简本与帛书本都为"相盈"，今本多为"相倾"。由此可说明在汉惠帝刘盈之前发现的《道德经》版本中，其"倾"字多为"盈"，后来是为了避讳"汉惠帝刘盈"的名讳，特将"盈"改为"倾"。

⑩ **音**：借指内在或自身。参《说文》"音，声也。生于心，有节于外，谓之音"，其中的"节"指"区分"。

⑪ **声**：借指外在或他人他物。参《说文》"声，音也"。

⑫ **圣人**：尊道贵德、通达事理、处世高明的有道之人，最高境界的人。楚简本与帛书本全文中皆为"聖（shèng）人"；其他本多见"圣人"。"聖"与"圣"本是两个字，后通意且合并为繁简关系。参《尚书•洪范》"思作睿，睿作圣"；参《说文》"睿，深明也，通（达）也""圣（kū），汝颍之间谓致力于地曰圣"；参《师说》"圣人之所以为圣，愚人之所以为愚，其皆出于此乎"。

⑬ **无为**：为人处世顺应自然规律。参《列子•说符》"故至言去言，至为无为"。

⑭ **不言之教**：不用言语的潜移默化和不用教条法令的教化。"不"，指不以自见而自是或否定、不处、勿用等，楚简本为"弗"，帛书本及其他本多见"不"。"弗"为"不"的同源字。"言"在《道德经》中多指声教法令，如"多言数穷""犹兮其贵言""希言，自然"；"不言"同"贵言""希言"，即"道"之"无为"。参《列子•说符》"故至言去言，至为无为"。"教"（jiào），指教化、教导。

⑮ **作**：兴起，产生，创造，发展。

⑯ **不辞**：身在其中，不离开，不干涉，不拒绝。

⑰ **不有**：不占有，不显现其所为，不见其形。

⑱ **不恃**（shì）：不依赖，不依仗，不居功自傲，不为索取。参《说文》"恃，赖也""赖，赢也""赢，有余、贾利也"；《广韵》"恃，依也"；《集韵》"恃，仗也"；《庄子•应帝王》"功盖天下而似不自己，化贷万物而民弗恃"。

第十章、第三十四章、第五十一章、第七十七章中出现的"恃"同此释义。

⑲ **弗居**：不据有，不占有，不要把持。"弗"同"不"。

⑳ **不去**：不会失去，不会离失。

译文

天下都知道什么是美好的，也就知道什么是丑恶的了；都知道什么是善的，也就知道什么是不善的了。因此，有和无是通过互相对比而产生的，难和易是通过互相比较而呈现的，长和短是通过互相对比而显形的，高和下是通过互相比较而产生的，音和声是通过互相呼应而动听的，前和后是通过互相参照而显现的。所以，圣人会遵循自然的规律去处世，采用无言的教化。万物兴作而不离其中，生养万物而不为了具有，有所作为而不有所依赖，不居功自傲也不为索取。唯有不为占有什么，所以也不会失去什么。

第三章　无为而治

导读

上一章重点阐述了天下之所以会呈现万事万物，其根源在于"有无相生"的法则，即互相对比而呈现；圣人会据此采用"处无为之事，行不言之教"等准则作为其处世之道，最终达成"夫唯弗居，是以不去"的境地。本章将重点阐释：纷争、偷盗、祸乱等人间世相的起因；圣人对这些世相会对应采用"虚其心，实其腹，弱其志，强其骨"等顺应自然规律的治理方式，最终达成"为无为，则无不治"的结果。

原文

不尚①贤②，使民③不争④。不贵⑤难得之货⑥，使民不为盗⑦。不见⑧可欲⑨，使民心不乱。是以圣人之治，虚⑩其心，实其腹⑪，弱⑫其志⑬，强其骨⑭；常使民无知无欲⑮，使夫知者不敢为⑯也。为无为，则无不治。

字词注释

① **不尚**：不推崇，不标榜，不崇尚。

② **贤**：有才无德之人。参《说文》"贤，多才也"；又参《安得长者言》"男子有德便是才，女子无才便是德"。

③ **民**：人，人们。

④ **不争**：不巧取豪夺，不起纷争。

⑤ **贵**：珍贵，贵重。

⑥ **货**：财物。

⑦ **盗**：盗取，盗心，偷窃。

⑧ **见**（xiàn）：展现，看到。
⑨ **欲**：欲求，私欲，贪欲。
⑩ **虚**：清虚，谦和，清宁。
⑪ **腹**：这里指内在及温饱。
⑫ **弱**：谦弱，减弱，减损。
⑬ **志**：心志中的固执及锐气等。
⑭ **骨**：身体，体魄。
⑮ **无知无欲**：结合前后篇章原文及解读中关于"无"的阐释，可以理解为"通晓自然的规律，保持柔弱谦下的品格，就没有自恃与贪欲"。参第一章"无，名天地之始"，第六章"谷神不死"，第八章"上善若水"，第十一章"有之以为利，无之以为用"，第二十四章"自见者不明，自是者不彰，自伐者无功，自矜者不长"，等。又参《韩非子·解老》"祸难生于邪心，邪心诱于可欲"。又参《鬼谷子·本经阴符七术·养志法灵龟》"欲多则心散，心散则志衰，志衰则思不达"。
⑯ **不敢为**：不敢违逆天道行事，不敢妄为。

译文

不推崇有才无德之人，使人们不滋生纷争。不看重难以得到的事物，使人们不滋生盗心。不展现能够引起欲求的事物，使心神不被扰乱。因此，圣人的治理之道是清静其心灵，充实其内在，谦弱其心志，强健其体魄；常使人们没有自是的认知和贪欲，使刚愎自用的人不敢妄为。顺应自然的规律，就没有什么是治理不好的。

第四章　和光同尘

导读

上一章重点阐释了纷争、偷盗、祸乱等人间世相的起因，圣人对这些世相会对应采用"虚其心，实其腹，弱其志，强其骨"等顺应自然规律的治理方式，最终达成"为无为，则无不治"的结果。本章将重点阐释：前两章所述圣人的处世与治理之道，是因其常在"道冲"，所以才能"用之或不盈"；通过"挫锐解纷，和光同尘"的方式，就能看到"道冲"似或存的奥妙无穷。

原文

道冲①，而用之或不盈②。渊③兮！似万物之宗④。挫⑤其锐⑥，解⑦其纷⑧，和其光⑨，同其尘⑩。湛⑪兮！似或存⑫。吾⑬不知谁之子，象帝⑭之先⑮。

字词注释*

① **道冲**：大道虚无，大道的无限涌动和无穷变化，取之于道中。"冲"通"盅"，器物的中空，引申为空虚，不可见。楚简本本章缺失；帛书甲本本段句缺失；帛书乙本作"道冲"；傅奕本为"道盅"，与其他本多见的"道冲"可通译。参《玉篇》"冲，冲虚也"，《鬼谷子·反应》"古之大化者，乃与无形俱生"，第四十五章"大盈若冲"。

② **不盈**：永无止境。

③ **渊**：渊深，深清，深远。楚简本本章缺失；帛书甲本为"潚"（sù），表示水清而深，在这里与"渊"释义相同；其他本多见"渊"。

④ **宗**：主宰，本源，本始。参《说文》"宗，尊祖庙也"。

⑤ **挫**：透过。

⑥ **锐**：表相，外在，锐气。帛书甲本为"捝"，帛书乙本为"兑"，均与其他本多见的"锐"释义相同。

⑦ **解**：超脱，区分，解开。

⑧ **纷**：固有观念认知的束缚。参《说文》"纷，马尾韬也"，指扎束马尾的草绳。

⑨ **光**：虚明。

⑩ **尘**：尘世。

⑪ **湛（chén）**：通"沉"，本义为沉没。此处引申为"无"，以其形容"道"的"无状之状，无物之象"。

⑫ **似或存**：似有似无的存在。可译作"永恒且清宁的存在"。

⑬ **吾**：同"我"，此指老子。参《史记·七十列传》载：老子是楚国苦县厉乡曲仁里（今河南鹿邑县）人，姓李，名耳，字聃，曾任周朝藏书室史官；孔子曾问礼请教于老子；老子西出函谷关，传授关令尹喜"道德五千言"，从此《道德经》流传于世。

⑭ **象帝**：天地万象的呈现。参《周易·系辞上》"见乃谓之象"；《说文》"帝，谛也，王天下之号也"。以此考《说文》"号，呼也""呼，外息也"；再考《说文·段注》"外息，出其息也"，本指呼出，借指呈现出来，引指周而复始地运行。

⑮ **之先**：之前。参《说文》"先，前进也"。

* "挫其锐，解其纷，和其光，同其尘"可同参第五十六章注译。

译文

大道是虚无的，但作用却好像永无止境。渊奥啊！像是万物的本宗。透过事物的外在表象，超脱固有观念的束缚，与道的光芒相和谐，与世尘融为一体。隐没无形啊！似有似无的存在。我不知道是谁创生了他，像是存在于天地万象的呈现之前。

第五章　天地之间

导读

上一章重点阐释了第二、第三章所述圣人的处世与治理之道，是因其常守"道冲"，所以才能"用之或不盈"，通过"挫锐解纷，和光同尘"的方式，就能看到"道冲"似或存的奥妙无穷。本章将重点阐释：顺应"道冲"，顺应天地及圣人的处世准则，以及效仿"天地之间，其犹橐龠，虚而不屈，动而愈出"，不"多言"而"守中"。

原文

天地不仁①，以万物为刍狗②；圣人不仁，以百姓为刍狗。天地之间，其犹③橐龠④乎？虚⑤而不屈⑥，动⑦而愈⑧出。多言数穷⑨，不如守中⑩。

字词注释

①　仁：自以为是的仁爱，狭隘的仁义之举。

②　刍（chú）狗：古时用草扎成的"狗"，用于祭祀。"视万物为刍狗"句之所以用到"刍狗"一词，是借用刍狗只有其形，而没有思绪杂念且没有私欲的这一特征，指代天地对待万事万物，不会产生人为刻意的挂念、纠结、仁义、恩怨、爱憎等，只会物竞天择，各取其用，而圣人也是如此。

③　犹：如同。详见第十五章中，关于"豫（犹）"的字词注释。

④　橐（tuó）龠（yuè）：古代用风助火势的风箱，使用时要不停将外部空气纳入并吹出，以助其上面的火势燃烧。此情形正如《周易·鼎卦》中所指的巽（风）下离（火）上之象，因此《周易·象下传》云"木上有火，鼎。君子以正位凝命"，《周易·彖下传》云"巽而耳目聪明，柔进而上行，得中

而应乎刚,是以元亨"。

⑤ **虚**:空,虚空。

⑥ **不屈**(jué):有生机而不停歇,没有穷尽。"屈"指衰竭、穷尽。

⑦ **动**:运转,运动。

⑧ **愈**:更加。

⑨ **数**(sù)**穷**:快速消亡。"数"同"速","穷"指尽头、绝境。

⑩ **守中**:安守中正,安守本分,安守虚静。

译文

天地没有自是的仁义,视万物如同刍狗平等对待;圣人也没有自是的仁义,视百姓如同刍狗平等对待。天地之间,不就像一个鼓风箱么?内里虚空却能无穷尽地出风,越是排空越是生风。繁杂的声教和人为干预会加速消亡,不如像风箱那样保持内里虚静。

第六章　天地之根

导读

上一章重点阐释了顺应"道冲",顺应天地及圣人的处世准则,以及效仿"天地之间,其犹橐籥,虚而不屈,动而愈出""守中"少言。本章将进一步重点阐释:虚空如谷的形态或神往长存,这是一切玄妙的创生之源;而遵循这个自然的法则,正是"绵绵若存,用之不勤"的天地之根。

原文

谷[①]神[②]不死[③],是谓玄牝[④]。玄牝之门,是谓天地根[⑤]。绵绵[⑥]若存,用之不勤[⑦]。

字词注释

① **谷**:山峡川谷,借指虚空且处下、心怀若谷,有这样的神往或形态,才能创生万事万物等意。楚简本与帛书本多见"浴";其他本多见"谷"。"谷"可同"浴"。同时,"谷"与"穀"是两个字,非通假,也非简繁关系。"谷"是通过虚空、低洼、映显、承载等方式生养万物,而"穀"是要通过对其食用,以此滋养其他生物。参《周易·井卦》"井谷射鲋";《说文》"泉出通川为谷";《送东阳马生序》"行深山巨谷中";《山海经·大荒东经》"有波谷山者,有大人之国"。而"穀"字,在各部典籍中均表示五穀杂粮等农作物,参《说文》"穀,续也,百穀之总名",《周礼·天官·大宰》"三农生九穀"。

② **神**:空谷的神态、形神,其境地的向往,也借此比喻其神奇莫测、奥妙绝伦、生养天地万物的功用。参《说文》"天神,引出万物者也"。

③ **不死**:长存不变,不停止,不离失。

④ **玄牝**（pìn）："玄"详见第一章注释；"牝"指雌性的，借指始源，母体。而"玄牝"一词，指一切奥妙的创生始源，形容"虚空之道"无限且玄妙的创造力，亦指生养天地万物的母体。

⑤ **根**：根本，使命。参《淮南子·原道训》"万物有所生，而独知守其根"。

⑥ **绵绵**：连绵不绝，恒久不移。

⑦ **不勤**：不可缺少，无可穷尽。

译文

虚空如谷的神长存，这是世间万物及一切奥妙的创生之源。遵循这个自然法则，这就是天地的根本。其作用连绵不绝，若有若存，其功用则无穷无尽。

第七章　天长地久

导读

上一章重点阐释了虚空如谷的形态或神往长存，这是一切玄妙的创生之源；而遵循这个自然的法则，正是"绵绵若存，用之不勤"的天地之根。本章将进一步重点阐释：天地能够长且久的原因，以及圣人据此以"后其身而身先，外其身而身存；以其无私，故成其私"的准则处世。

原文*

天长地久①。天地之所以能长且久者，以其不自生，故能长生②。是以圣人后其身③而身先，外其身而身存。非以其无私④邪，故能成其私。

*本章可同参《礼记·郊特牲》"地载万物，天垂象。取财于地，取法于天，是以尊天而亲地也"。

字词注释

① **天长地久**：天地长存久远。
② **长生**：长存，长寿，长兴。
③ **身**：自我，自身，自我意识。
④ **私**：自我。

译文

天地是长存且久远的。天地为什么能够长存且久远呢？因为其不为自己而生，所以能够长生。因此，圣人置身其后反而身前，置身事外反而存在。正是因为他的无私，反而能够成全自己。

第八章　上善若水

导读

天、地、水是利养万物的三大要素,为了阐明天、地、水的特质,继上一章重点阐释天地能够长且久的原因,以及圣人据此以"后其身而身先,外其身而身存;以其无私,故成其私"的准则处世之后,本章将进一步重点阐释:水最接近于道的原因,以及"居善地,心善渊"等"与道无异"的处世准则。

原文

上善①若②水,水善③利④万物而有静⑤,居⑥众人之所恶⑦,故几⑧于道。居善⑨地⑩,心善渊⑪,予善天⑫;言善信,正善治⑬,事善能⑭,动善时⑮。夫⑯唯⑰不争⑱,故无尤⑲。

字词注释

①　**上善**:至上之善,即大道,此处指上善之人、圣人。"善",参《说文》"善,吉也""吉,善也",指代吉祥、美好,以及利而不害的至上处世之道。

②　**若**:仿若,好似,如同,择取并效法。参《说文》"若,择菜也"。楚简本此章缺失;帛书甲本为"治",一说古时通"似",一说应作"治理"解,原文应为"上善治水,水善,利万物而有静",译作"以上善的方式治理水,水会以善的一面示人,于万物有利无害";帛书乙本为"如",与"若"释义相同;今本多为"若"。

③　**水善**:水善于,能够。一说"水呈现善良的一面",参注释②。

④ **利**：通利，利养。

⑤ **有静**：帛书甲本为"有静"；帛书乙本为"有争"，"争"通"静"；后世本多为"不争"。本书依帛书本。

⑥ **居**：本义为处、住。此处应理解为"让自己处于……"。帛书甲、乙本均为"居"，后世本多为"处"。本书依帛书本。

⑦ **恶**：厌恶，不喜；因不了解或不能及而厌恶，不喜。参王弼注"人恶卑也"，河上公注"众人恶卑湿垢浊，水独静流居之也"。

⑧ **几**（jī）：近。参王弼注"道无（形）水有（形），故曰'几'也"。

⑨ **善**：好，喜好，以……为好。后面的几个"善"字同此义。

⑩ **地**：此指所处卑下。参《荀子·儒效篇》"至下谓之'地'"，《荀子·礼论篇》"地者，下之极也"。

⑪ **渊**：深藏若虚。参《尔雅·释诂》"渊，深也"，《尔雅·释天》"渊，藏也"。

⑫ **予善天**：施惠万物功遂身退好如天道。"天"，天道。参第十六章"天乃道"，第二十五章"天法道"，第十九章"功遂身退天之道"，第七十七章"天之道，损有余而补不足"。帛书甲本为"予善"，应是漏了"天"字；帛书乙本为"予善天"；后世本为"与善仁""与善人"。本书依帛书乙本。

⑬ **正**：通"政"，执政，治国理政。

⑭ **事善能**：以无事处事，任其自然发展。参第二章"是以圣人处无为之事，行不言之教，万物作而不为始，生而不为有"，第六十三章"为无为，事无事，味无味"。"能"，任。参《广雅·释诂》"能，任也"。

⑮ **动善时**：此处指无为无事，渊默不动，任万物自作自息，而非积极行动应时而变。

⑯ **夫**（fú）：语气词，用在句首，表示要发议论。参《左传·隐公四年》"夫兵，犹火也"。

⑰ **唯**：语气副词，此处用于加强语气。参《论语·述而》"与其进也，不与其退也。唯何甚！"。

⑱ **不争**：详见第六十八章注释。

⑲ **无尤**：与道无有几分差异。参《说文》"尤，异也"，《广韵》"异也，奇也"，《管子·侈靡》"然有知强弱之所尤"。

译文

至上之善如水，水可通利万物且能"有静"处世，安静地待在众人"厌恶或不喜"待的低微处，故而近于道。好（hào）以谦下自居，内心好如深渊般深藏若虚，施惠万物而顺应天道；言出必守信，执政无为而治，处事顺应自然，依从时势不妄动。为人处世这样尊道贵德，不争无为，自然与道无异。

第九章　功遂身退

导读

上一章重点阐释了水最接近于道的原因,以及"居善地,心善渊"等"与道无异"的处世准则。本章将进一步重点阐释:懂得"近于道"和"与道无异"的准则后,还要懂得"持而盈之,不如其已"等注意事项;什么才是"天之道"的处世准则。

原文

持①而盈②之,不如其已③。揣④而锐⑤之,不可长保。金玉满堂⑥,莫之能守;富贵而骄⑦,自遗⑧其咎⑨。功遂身退⑩,天之道⑪。

字词注释

① **持**:拥有,持有。

② **盈**:盈满,过多。

③ **已**:收敛,停止。

④ **揣**:多音多义字,此处指捶打、锤炼,读作 zhuī。楚简本为"挩",其他本多见"揣"。

⑤ **锐**:增长膨胀,持守保持,贪图享乐,锋芒毕露。楚简本为"群",指增多膨胀;帛书甲、乙本均为"兑",指成为常态;王弼本为"棁";其他本多见"锐"。参《说文》"群,辈也""辈,若军发车百两为一辈",《淮南子·时则训》"柔而不刚,锐而不挫",《荀子·修身》"饶乐之事,则佞兑而不曲"。

⑥ **金玉满堂**:金银财宝满仓,形容财富极多。

⑦ **骄**：骄奢，骄傲，骄横。

⑧ **自遗**：自取，自惹。

⑨ **咎**：灾祸，过错。

⑩ **功遂身退**：遵循"无为"之道将事情做好，适时顺应"退尺""若（择）退""不处"的趋势。参《说文》"功，以劳定国也""遂，亡也""退，却也""却，节（寡/少）欲也"。"身"，详参第十三章《宠辱若惊》全文；再参楚简本中的"亡"通"无"，第十一章中的"无以为用"，第十七章中的"成事遂功"，第四十一章中的"进道若退"，第五十八章中的"光而不耀"，第六十九章中的"不敢进寸而退尺"，第七十七章中的"功成而不处"。

⑪ **天之道**：至上的处世之道。

译文

持有过多，不如收敛。贪图越有越多，不可久保。金银满仓，不会长守。富贵骄奢，自惹灾祸。遵循"无为"之道将事情做好，适时顺应"退尺""若（择）退""不处"的趋势，这是至上的处世之道。

第二篇　体道

唯有体会圣人至上的处世之道
方能明悟抱朴守一的为人之道

第十章　玄德无为

导读

上一章重点阐释了懂得"近于道"和"与道无异"的准则后，还要懂得"持而盈之，不如其已"等注意事项，以及什么才是"天之道"的处世准则。本章将进一步重点阐释：运用"天之道"的处世准则修养身心、爱民治国的注意事项，以及以"玄德"为处事准则。

原文

载①营魄②抱一③，能无离乎？抟气④致柔⑤，能婴儿乎？涤除玄览⑥，能无疵⑦乎？爱民治国⑧，能无为乎？天门⑨开阖⑩，能为雌⑪乎？明白四达⑫，能无知乎？生之畜⑬之，生而不有，为而不恃，长而不宰⑭，是谓玄德⑮。

字词注释

① **载**：承载，秉持。
② **营魄**：魂魄，身心。
③ **抱一***：抱道守一，专一精思遵道而行。

*本章词句中的"一"，与第十四章的"混而为一"，第二十二章的"圣人抱一"，第三十九章的"昔之得一者"，第四十二章的"道生一"中的"一"，均有一定程度的相似译义，也有各自的具体所指。详见本书上述篇章中的原文及相关注释。

④ **抟气**：聚集精气。"抟"同"团"，捏聚成团。楚简本此章缺失；帛书甲本此句缺失；帛书乙本为"榑气"，"榑"当为"搏"，即"抟"；王弼本为"专气"，此"专"义同"抟"，与"散"相对。参《管子•内业》"抟气如神，

万物备存"。

⑤ **致柔**：使气血通畅、身躯柔顺。

⑥ **涤除玄览**：去除对世事固有（自是）的认知。"玄"详见本书第一章注释。参《说文·段注》"览，观也。以我（自我、自是）观物曰览"。

⑦ **疵**：瑕疵，遗留的。

⑧ **国**：邦国。楚简本与帛书甲本中多为"邦"；帛书乙本传抄时期，为避汉高祖刘邦的名讳，特将"邦"改为"国"；其他版本也多见"国"。参《说文》"国，邦也"，《周礼·天官·太宰》"以佐王治邦国"。

⑨ **天门**：懂得上述的天道法理，也指天赋的感官、天心、心灵、天机之门等。

⑩ **开阖**：心窍顺通与关闭。

⑪ **雌**：此处指安守、宁静、谦和、柔顺。

⑫ **四达**：四方事理。参《尚书》中说舜"明四目，达四聪"。

⑬ **畜**：养育，抚育。

⑭ **宰**：操纵，控制。参《说文》"宰，罪人在屋下执事者"。

⑮ **玄德**：得到了这些道理的奥妙，自然无为之德。"玄"详见本书第一章注释，"德"详见本书《体会道德之义·通达幸福人生》。

译文

承载身心与道合一，能不分离吗？集聚精气使身体柔软，能像婴儿一样吗？去除固有的观念，能一点不留吗？爱百姓治理国家，能做到无为吗？感官与外界沟通，能安守宁静吗？懂得四方事理，能没有偏执吗？生养抚育万物，生养但不居有，施为但不自恃，长养但不操纵，这是自然无为之德。

第十一章　无以为用

导读

上一章重点阐释了运用"天之道"的处世准则修养身心、爱民治国的注意事项,以及以"玄德"为处事准则。本章将进一步重点阐释:以"玄德"为处事准则的同时,"有之以为利,无之以为用"。

原文

三十辐①共一②毂③,当其无,有车之用。埏埴④以为器,当其无,有器之用。凿⑤户牖⑥以为室,当其无,有室之用。故有之以为利⑦,无之以为用⑧。

字词注释

① **辐**:车轮中连接轴心车轴的辐条。
② **一**:数词,一个。
③ **毂**(gǔ):车轮,轮毂。
④ **埏**(shān)**埴**(zhí):和泥制作陶器。"埏",和泥;"埴",黏土。
⑤ **凿**:开凿,挖掘,建设。
⑥ **户牖**(yǒu):门窗,门户。
⑦ **利**:作用。
⑧ **用**:运用,应用。

译文

三十根辐条围成一个车轮,当中有空洞可以放车轴,才有车的用途。用泥土做成陶器，当中有空心，才有盛装东西的作用。开凿门窗建造房屋，当中有空室，才有居住的作用。因此，一切有形事物的作用，都离不开"空无"的运用。

第十二章　五欲之治

导读

上一章重点阐释了以"玄德"为处事准则,懂得"有之以为利,无之以为用"。本章将进一步重点阐释:令人耳不聪目不明、迟钝麻木、心中狂躁、唯利是图的诱因;圣人是以"为腹不为目"的准则践行"天之道"的。

原文

五色①令人目盲②,五音③令人耳聋④,五味⑤令人口爽⑥,驰骋畋猎⑦令人心发狂⑧,难得之货⑨令人行妨⑩。是以圣人为腹⑪不为目⑫,故去彼取此⑬。

字词注释

① **五色**:青、赤、黄、白、黑等形形色色的事物。

② **目盲**:眼盲,比喻眼花缭乱。

③ **五音**:古时宫、商、角、徵、羽等五种音律,此处借指各种嘈杂纷乱的音乐或声响。

④ **耳聋**:听力下降,失聪。

⑤ **五味**:酸、甜、苦、辣、咸等各种味道,此处借指各种味道的饮食。

⑥ **口爽**:口舌失去辨别味道的能力,味觉失灵。

⑦ **驰骋畋(tián)猎**:骑马打猎,驰骋猎取。此处比喻追名逐利或争名夺利。

⑧ **狂**:丧失理性,狂躁。

⑨ **货**:财物货利。

⑩ **行妨**:行为损害别人的利益,图谋不轨,不怀好意。

⑪ **为腹**：充实内在。

⑫ **不为目**：不求外在。

⑬ **去彼取此**：去除前者，采取后者。

译文

五光十色令人眼盲，音声纷杂令人失聪，尝尽百味令人味觉失灵，驰骋猎取令人心中狂躁，难以得到的东西令人图谋不轨。所以，圣人充实内在而不求浮华，并以此作为处世的取舍。

第十三章　宠辱若惊

导读

上一章重点阐释了令人耳不聪目不明，迟钝麻木，心中狂躁，唯利是图的诱因，以及圣人是以"为腹不为目"的准则践行"天之道"的。本章将进一步重点阐释：以"宠辱若惊，贵大患若身"的态度践行前文的内容；人"所以有大患"的原因；"贵为身于为天下""爱以身为天下"者，可以"托天下""去天下"。

原文

宠①辱②若③惊④，贵⑤大患⑥若⑦身⑧。何谓⑨宠辱若惊？宠之为下⑩，得之若惊，失之若惊，是谓⑪宠辱若惊。何谓贵大患若身？吾所以有大患者，为⑫吾有身⑬；及⑭吾无身⑮，吾有何患？故贵为身⑯于⑰为天下⑱，若⑲可以托⑳天下；爱㉑以身为天下，如可以去天下㉒。

字词注释

① **宠**：居于尊荣显贵。引申为荣宠、被宠、得宠、受宠，动词的被动用法。参《说文》"宠，尊居也"。

② **辱**：失去尊荣显贵。引申为失宠、不被宠、受辱，动词的被动用法。参《说文》"辱，耻也"。

③ **若**：连词，表示承接。则，就，而。

④ **惊**：惊惧，忧患。

⑤ **贵**：重视。

⑥ **大患**：大的忧患，因得宠或失宠而生的惊惧、忧患。

030

⑦ **若**：像……那样。结合下文的"贵为身于为天下"，此处应按倒装句理解，即"贵身若大患"，点出"贵身"。

⑧ **身**：自身的欲望、观念、情态等意识。

⑨ **何谓**：什么是，什么叫作。

⑩ **宠之为下**："宠"，宠爱，此处为名词，作主语；"之为下"流于下乘，"之"为介词，变主谓结构为词组，参《尚书·秦誓》"人之有技，若己有之"。老子用这四个字概括了宠辱若惊的内涵，"为天下"者应有的宠辱观。正如苏辙《老子解》云："古之达人，惊宠如惊辱，知宠之为辱先也；贵身如贵大患，知身之为患本也。是以遗宠而辱不及，忘身而患不至。所谓'宠辱'，非两物也。辱生于宠而世不悟，以宠为上而以辱为下者，皆是也。若知辱生于宠，则宠固为下矣。故古之达人得宠若惊，失宠若惊，未尝安宠而惊辱也。"

⑪ **是谓**：就叫作。

⑫ **为**：因为。

⑬ **有身**：有我，有己，有私欲，有贪念，有妄想。

⑭ **及**：等到……时。参《论语·卫灵公》"及其壮也，血气方刚……及其老也，血气既衰"。

⑮ **无身**：无我，无己，无私，无欲，无为。老子进一步说明宠辱忧患的根源是"有身"，身存患随，防患须贵身，进而引出下文。司马光道："有身斯有患也。然则既有此身，则当贵之、爱之，循自然之理，以应事物，不纵情欲，俾之无患可也。"范应元道："轻身而不修身，自取危亡也。是以君子安而不忘危，存而不忘亡，故终身无患也。"

⑯ **为身**：修养清静无为、无欲无妄的自身。帛书甲、乙本均为"为身"，后世本多从王弼本作"以身"。本书依帛书本。

⑰ **于**：甚于，胜于。

⑱ **为天下**：治理天下，帮助天下人。

⑲ **若**：连词，则，就。

⑳ **托**：托付，委托，依靠。楚简本为"厇"，后世整理为"託"（tuō，今简化为"托"）。《正字通·厂部》"'厇'（zhái），与'宅'通。《举要》《孝经》'宅'作'厇'"。《说文》"宅，所託也""託，寄也"。帛书甲本为"迈"；帛书乙本为"槖"（tuó）；后世本多为"託""讬""托"，且多与"寄"调位。"厇

""宅""託"("托")"迏""寄"或义同,或音同,在本章中释义相同。本书用"托",并依楚简本、帛书甲本和乙本,"托"在前。

㉑ **爱**:珍爱,与"贵"同义,程度更进一步。

㉒ **去(jǔ)天下**:保藏天下,守护天下。楚简本为"迏",帛书甲、乙本及后世本均为"寄"。本书依楚简本。参《说文》"迏,从去";裴松之注《魏志》"古人谓藏为去";《汉书·苏建传附苏武》"掘野鼠去草实而食之"颜师古注"去,谓藏之也";《集韵·语韵》"弆,藏也,或作去";《通俗文》"密藏曰弆"。老子在此章最后明确提出,先做好"为身"再去"为天下",这是合乎道的、能做成的。《庄子·让王篇》云"道之真以治身,其绪余以为国家,其土苴(tǔ jū,糟粕)以治天下。由此观之,帝王之功,圣人之余事也",大意是:用道的精髓治身,用道的残余治国,用道的废渣治天下;帝王功业,是圣人修身之余的事。

译文

得宠显贵、失宠受辱都感到惊惧,重视自身如重视宠辱忧患。什么叫宠辱若惊?宠流于下乘,得宠时惊惧,失宠时亦惊惧,这叫宠辱若惊。什么叫重视自身如重视宠辱忧患?我之所以有宠辱之忧患,是因为我的修为还处于"有我"状态,等我修为达到"无我"状态,我哪里还会有忧患?故重视修养清静无为、无欲无妄的自身甚于重视治理天下,是能被托付天下的人;珍爱修养清静无为、无欲无妄的自身甚于珍爱治理天下,是能守护好天下的人。

第十四章　古今道纪

导读

上一章重点阐释了以"宠辱若惊，贵大患若身"的态度践行前文内容，人"所以有大患"的原因，以及"贵为身于为天下""爱以身为天下"者，可以"托天下""去天下"。本章将进一步重点阐释：要想用好前文所述，须懂得秉持源远流长而又无状无象的"道"，遵循"道纪"，从而"御今之有""以知古始"。

原文

视之不见，名曰夷①；听之不闻②，名曰希③；搏④之不得，名曰微⑤。此三者不可致诘⑥，故混⑦而为一⑧。一者，其上不皦⑨，其下不昧⑩，绳绳⑪兮不可名，复⑫归⑬于无物。是谓无状之状，无物之象，是谓惚恍⑭。迎之不见其首，随之不见其后，执古⑮之道，以御⑯今之有。以知古始⑰，是谓道纪⑱。

字词注释*

① **夷**：无象，无形。
② **闻**：听见，听到。
③ **希**：无声。
④ **搏**：触摸，用身体去感知。
⑤ **微**：没有形体。
⑥ **致诘**：追问，尽述，究问。
⑦ **混**：合并，混合。楚简本本章缺失；帛书甲本为"㨆"；帛书乙本为

"絔"；后世本多见"混"。参《庄子·外篇·知北游》"道不可闻，闻而非也；道不可见，见而非也；道不可言，言而非也"。

⑧ 一：夷、希、微的合称，代指虚无之道。参上述及《说文》"惟初太始，道立于一，造分天地，化成万物"。

⑨ 皦：上方的尽头。

⑩ 昧：下方的终点。

⑪ 绳绳（mǐn）：连接不断，混沌不清。

⑫ 复：恢复，周而复始，循环往复。

⑬ 归：归于，尊承，回归，顺应。

⑭ 惚恍：恍惚，隐约不清，似有似无。

⑮ 古：亘古。

⑯ 御：安处世事，应用。

⑰ 古始：亘古的始源，古今万事万物的始源，时空的始源。

⑱ 道纪：道的纲纪、规律。参《说文》"纪，丝别也"，类似于现在拴系布衣、固定纸片时用的别针、曲别针等物，因其用途特征而衍生出记载、纪律、法度等含义。

*本章注释可同参第十章"载营魄抱一……"，第二十二章"是以圣人抱一为天下式……"，第三十九章"昔之得一者……"，第四十二章"道生一……"。

译文

看却见不到形象，这叫作夷；听却听不到声音，这叫作希；摸却摸不到形体，这叫作微。这三点不能尽述，所以混同为一而论。此一，其上不见明澈，其下不见昏暗，连绵不断又不知道怎么称呼，所以归属于虚无之物。这就叫作没有形状的形状，没有形象的形象，也可叫作恍恍惚惚。迎面看不见其头，随后看不见其尾。遵循古始之"道"而行，就能驾驭好当今的世事。通晓古始之道，这叫作"道"的纲纪。

第十五章　善为士者

导读

上一章重点阐释了要想用好前文所述，须懂得秉持源远流长而又无状无象的"道"，遵循"道纪"，从而"御今之有""以知古始"。本章将进一步重点阐释：古往今来凡"善为士者"，即善于遵循"道"的规律者的基本特征；如何安守其道以及处世运用的准则。

原文

古之善为士者①，微妙玄达②，深不可识。夫唯不可识，故强为之容③：豫④兮，若冬涉川⑤；犹兮，若畏⑥四邻⑦；俨⑧兮，其若客；涣⑨兮，其若凌释⑩；敦⑪兮，其若朴⑫；旷⑬兮，其若谷；混⑭兮，其若浊。浊而静⑮之徐清⑯，安⑰以动⑱之徐生。保⑲此道者不欲盈⑳，夫唯不盈，故能敝而不成㉑。

字词注释

① **善为士者**：遵"道"而行，处世有道之人。
② **微妙玄达***：精微奥妙玄深通达。

*另指处世有道之人其善行无迹（微），顺应自然（妙），以辅万物（玄），和光同尘（达）。"微"详见第十四章注释，参第二十七章"善行无辙迹"。"妙"与"玄"详见第一章注释；"达"参《广雅》"达，通也"。

③ **容**：形容，描述。
④ **豫（犹）***："犹"既指谨慎又可指如同，"豫"既指稳重祥乐又指迟疑。参："犹"本指猿猴，因其本性多疑而常迟疑；"豫"本指大象，因大者常迟

缓，迟缓又如同迟疑。考《说文》"犹，玃（大母猴）属。豫，象（大象）属"；《说文·段注》"此二兽（犹与豫）皆进退多疑，人多疑惑者似之，故谓之犹豫"；《离骚》"心犹豫而狐疑"。

*犹在第十五章、第十七章中指谨慎，在另外五章中指如同。

⑤ **涉川**：跋涉，蹚水过河，向往到达彼岸。

⑥ **畏**：敬畏，畏惧，防卫。

⑦ **四邻**：本意是街坊邻里，本处可代指邻敌。

⑧ **俨**：端庄，庄严，严肃，礼敬。

⑨ **涣**：开明，融洽。

⑩ **凌释**：融化，消融。

⑪ **敦**：敦厚，质朴，朴实。

⑫ **朴**：顺应自然，没有浮华的修饰。

⑬ **旷**：旷远，豁达。

⑭ **混**：混同于众。

⑮ **静**：静止，静定。

⑯ **清**：清澈，分清。

⑰ **安**：安守。楚简本为"疕（pǐ）"，指具备、治理；帛书甲、乙本皆为"女"，应为"安"；其他本多为"安"。

⑱ **动**：楚简本为"迬（zhù）"，指到此为止，古也同"往"；帛书甲、乙本为"重"，应为"动"，与前面的"静"相对；其他本多见"动"。

⑲ **保**：保持，成为。

⑳ **不欲盈**：不求盈满，不会自是、自大、自满。

㉑ **敝而不成**：不具有错误的认知，陋习就不会继续。楚简本没有此句，帛书甲本此句词缺失，帛书乙本为"敝而不成"，河上公本与王弼本为"敝不新成"，今通行本常见"敝而新成"，均可译作"放弃不好的事情，找到好的事情"。本书依帛书乙本。

译文

古往处世有道的人，精微奥妙玄深通达，高深难以识别。正因为难以识别，所以勉强地形容如下：这样的人迟疑啊，好比冬天蹚水过河；谨慎啊，好比畏惧邻敌进攻；端庄礼敬啊，好像赴宴的宾客；开明啊，好像冰雪正在融化；质朴啊，好像无任何修饰；豁达啊，好像虚空的山谷。这样的人与世俗融为一体难以分清。谁能在与众混浊中，将这样的人分清？谁能安守其道，并能处世运用？得以此道的人不会盈满，只有不盈满，错误的认知才不会形成。

第十六章　致虚守静

导读

上一章重点阐释了古往今来凡"善为士者",即善于遵循"道"的规律者的基本特征,如何安守其道及其处世运用的准则。本章将进一步重点阐释:有道之人"致虚极,守静笃",以此通晓万事万物各自的天然根本;通晓自然的根本,就能通达"天道长久"等"没身不殆"的道理。

原文

致虚极①,守静笃②,万物并作③,吾以观其复。夫物芸芸④,各复归其根。归根⑤曰静⑥,静曰复⑦命⑧,复命曰常,知常曰明⑨,不知常妄⑩作凶。知常⑪容⑫,容乃公⑬,公乃王⑭,王乃天,天乃道,道乃久,没身不殆⑮。

字词注释

① **致虚极**:融入到达虚无的极点及境地。

② **守静笃**:安守清静且专注专一。楚简本为"守中,笃也",译为安守中正且内在专注;帛书甲本为"守情,表也",译为安守本心且至其境地;帛书乙本为"守静,督也",译为安守清静且警惕杂念滋生。

③ **并作**:一并生长,同存于世,融入万物。

④ **夫物芸芸**:这万事万物纷繁复杂的样子。

⑤ **归根**:回归质朴的原本,同于自然的纯朴。

⑥ **静**:开明彻悟,静悟。参《说文》"静,审也""审,悉也""悉,详尽也"。

⑦ **复**:周而复始不离其自然质朴的原本。参《说文》"复,行故道也"。

⑧ **命**：自然的使命，本性，天性，淳朴的初心。参《说文》"命，使也"。

⑨ **明**：彻悟，明悟。

⑩ **妄**：胡乱，胡为。

⑪ **常**：遵循真常，永恒，恒久。

⑫ **容**：准则，准绳，容纳承载，托举。参《韩非子·喻老》"夫物有常容，因乘以导之，因随物之容"，《说文》"容，盛（chéng）也"。

⑬ **公**：公正，公平。参《说文》"公，平分也"。

⑭ **王**：使天下归往。参《说文》"王，天下所归往也"。

⑮ **没身不殆**：此道理终身不可懈怠，终生没有危难。参第二十五章"周行而不殆"，《说文》"殆，危也"，《孙子·谋攻》"知己知彼，百战不殆"，《庄子·养生主》"以有涯随无涯，殆已"，《聊斋志异·神女》"日将暮，步履颇殆，休于路侧"。

译文

通达虚无的真正境地，安守清静以致专注，与万物一并共存时，我以此可观见其循环往复的本质。万事万物虽然纷繁众多，但都各有其自然的根本。能够归于根本就叫作明静，明静就叫作回归自然的使命，回归自然的使命就叫作恒常，知道遵循恒常就叫作明彻。而不懂得遵循恒常就会任意妄为以致凶患。要懂得遵循恒常的准则，这个准则就是豁达公正，豁达公正才能够天下归往，天下归往才是至高无上，至高无上就是顺应自然之道，顺应自然之道才能够得以长久，一生免遭大患。

第十七章　成事遂功

导读

上一章重点阐释了有道之人"致虚极，守静笃"，以此通晓万事万物各自的天然根本，以及通晓自然的根本，就能通达"天道长久"等"没身不殆"的道理。本章将进一步重点阐释：遵循前文所述的"道"治理天下，能达成何种境况；治理天下者，应以何种境况为目标。

原文

太上①，下知有之；其次②，亲③之誉之；其次，畏④之；其次，侮⑤之。信⑥不足，安有不信。犹兮其贵言⑦，成事遂功⑧，百姓皆谓我自然⑨。

字词注释

① **太上**：至高无上的，最好的，尊道贵德的。楚简本为"大上"，其他本多见"太上"，释义相同。

② **次**：下一级的，差一些的。

③ **亲**：亲近，赞誉。

④ **畏**：畏惧，害怕。

⑤ **侮**：轻视，轻侮。

⑥ **信**：诚信，笃信，相信，信任。参《说文》"信，诚也"。

⑦ **贵言**：不轻易发号施令。同"希言"。

⑧ **成事遂功**：参见第九章字词注释"⑩功遂身退"。

⑨ **自然**：自然而然，本来就该这样。《道德经》中的"自然"，多指"不经人为刻意操控，顺应天地（天道）规律的世物运行状态"。大到万事万物周

而复始的运行，小到口鼻器官的自由呼吸，皆是天道的规律（自然法则）的体现。

译文*

最好的社会，下民（民众）只知晓有治理者（君主）存在；次一等的社会，民众亲近、赞美治理者（君主）；再次一等的社会，民众畏惧治理者（君主）；最下等（最差）的社会，民众轻视治理者（君主）。

治理者（君主）没有诚信，民众自然不信任他。太上之世的治理者（君主）不轻易发号施令。诸事顺遂了，功业成就了，老百姓并不觉得是治理者（君主）的功劳，都认定是自然而然实现的。

*原文第一段还可译为：至上的处世准则（尊道贵德），谦下不争之人可以体悟运用；其次倡导仁义礼信，人们会对其亲信赞誉；再次强调法治规则，人们会对其畏惧；最次自是妄为，人们会对其轻蔑。

第十八章 孝慈仁义

导读

上一章重点阐释了遵循前文所述的"道"治理天下能达成何种境况，治理天下者应以何种境况为目标。本章将进一步重点阐释：道与仁义、智慧与浮伪、六亲不和与孝慈、国家与忠臣等之间的关系。

原文

故大道①废②，安有③仁义④？智慧⑤出，安有大伪⑥？六亲⑦不和⑧，安有孝慈⑨。国家昏乱，安有忠臣⑩。

字词注释

① **大道**：自然的规律与法则，社会的制度，正确的道理。

② **废**：偏离，不去遵循。

③ **安有**：治理的方法会有，怎会有。

④ **义**：古同"仪"。参《说文》"义，己之威仪也"，表示注重己方形象气势威仪，注重自己的外在形象，等。

⑤ **智慧**：大智慧及洞察时态的能力。其中的"智"指智慧、智谋、了解或智巧等。楚简本与帛书本中多为"知"字，其他本多见"智"。古"知"通"智"。参《说文》"智，识词也""知，词也"。

⑥ **大伪**：能真正导致人迷惘困惑的，自大自是，浮伪（虚伪）。

⑦ **六亲**：父母、兄（姐）、弟（妹）、夫（妻）、子女。

⑧ **不和**：不和睦，不和谐，有分歧。

⑨ **孝慈**：孝敬与慈爱。其中的"慈"，楚简本多为"慈"，帛书本多为

"兹"；其他本多为"慈"。古"慈"通"兹"。

⑩ **忠臣**：忠杰之相臣。参《史记·魏世家》"国乱则思良相"。

译文

所以，不遵道而行，怎么还会有真正的仁义之举？智慧涌出，怎么还会有自大浮伪？亲人不和睦，就要讲求孝慈。国家昏乱时，就要由忠臣来拯救。

第三篇　悟道

唯有明悟抱朴守一的为人之道
方能践行兴国安邦的治世之道

第十九章　见素抱朴

导读

上一章重点阐释了道与仁义、智慧与浮伪、六亲不和与孝慈、国家与忠臣等之间的关系。本章将进一步重点阐释：何谓"见素抱朴，少私寡欲，绝学无忧"；应如何做，有何益处。

原文*

绝智弃辩①，民利②百倍；绝巧弃利③，盗贼亡④有；绝为弃虑⑤，民复季子⑥。此三言⑦也，以为文⑧未足⑨，故令之有所属⑩：见⑪素⑫抱朴⑬，少私寡欲。绝学⑭无忧。

*楚简本与其他本对应的本章句字词及顺序，有一定的不同，但从本章所阐释的主旨方向（详见本书对应的有关原文及解读）来看，各版本主旨方向是基本一致的。

字词注释

① **绝智弃辩**：抛弃所谓的智巧和善辩。此与第八十一章"善者不辩，辩者不善"呼应。"绝"，不盲目追崇或推崇，不用，不要，杜绝。"弃"，放弃，不用。楚简本为"绝知（智）弃辩"，帛书甲、乙本为"绝声（圣）弃知（智）"，后世本多依帛书本。两者均有学界名家支持。本书依楚简本。近年来有学者考证，楚简本原文中"绝"字应为"继"字，言应释为"三继三弃"而非"三绝三弃"，其论据颇丰，有待进一步探讨。

② **民利**：民众所获的利益，也可理解为"利民"。

③ **绝巧弃利**：抛弃所谓的技巧和利器。此与第八十章"使有什伯人之

器而不用""虽有舟舆无所乘之,虽有甲兵无所陈之,使民复结绳而用之"呼应。楚简本和帛书甲、乙本等文字同,但所在位置有异,帛书甲、乙本及后世本多将"绝巧弃利,盗贼亡(无)有",列在第三位,楚简本则列为第二位。本书依楚简本。

④ 亡(wú):同"无"。

⑤ 绝为弃虑:抛弃所谓的作为和思谋。"为",有为,不合道的妄为。"虑",思考,谋划。此与第七十五章"民之难治,以其上有为,是以难治。民之轻死,以其上求生之厚,是以轻死"呼应。楚简本为"绝伪(为)弃虑",帛书甲、乙本为"绝仁弃义",后世本多见"绝仁弃义"。本书依楚简本。

⑥ 季子:年幼的孩子,纯真的幼童,此处可理解为"纯真如婴孩"或"如婴孩般的纯真"。此与第二十八章"常德不离,复归于婴儿"、第五十五章"含德之厚,彼于赤子"呼应。楚简本为"季子",一说为"纯真的儿童",一说通"孝慈";帛书甲、乙本为"畜(孝)兹(慈)";后世本多见"孝慈"。本书依楚简本。

⑦ 三言:前文的三组言论、主张。楚简本和帛书本均为"三言",楚简本此句文字考证学界尚不统一,如"三言以为(辨/使)不足,或命之(有所属/或乎续/,或呼属)";帛书甲、乙本此句均为"此三言也,以为文未足,故令之有所属";后世本多依帛书本,字词略有异。本书依帛书本。

⑧ 为文:作为条文、法则。"文",法令条文。

⑨ 足:充分,完整,到位。

⑩ 属(zhǔ):连接,引申为缀句成文。

⑪ 见(xiàn):同"现",展现,显现,彰显。

⑫ 素:本义为没有染色的丝。此处喻指"道"之"天然""自然"。

⑬ 朴:本义为没有雕琢的木。此处喻指"道"之"天然""自然"。

⑭ 学:与第四十八章"为学者日益"之"学"同义,河上公注为"政教礼乐之学",即前文主张绝弃的智、辩、巧、利、为、虑等等。"绝学无忧"句楚简本无;帛书甲、乙本及王本均有,但目前学界对其位于此章末还是下章始,尚有争议。本书将其位于本章末。

译文

抛弃所谓的智巧和善辩，民众获利多出百倍；抛弃所谓的技巧和利器，强盗窃贼自会绝迹；抛弃所谓的作为和思谋，民众纯真复归婴孩。这三句话当作修身条文还不完整，故而将它们总结补充为：彰显抱持素朴，减少私心贪欲。抛弃所谓的学识，就没有忧患了。

第二十章　独异于人

导读

上一章重点阐释了真正的圣贤不用智巧，真正的仁爱不图形式，真正的巧妙不为利欲等"见素抱朴，少私寡欲，绝学无忧"的兴国安邦之道。本章将进一步重点阐释：圣人老子懂得"人之所畏，亦不可不畏人"的道理，以"独异于人，而贵食母"的方式秉持其处世之道。

原文

唯①之与阿②，相去几何③？美④之与恶，相去何若？人⑤之所畏⑥，亦不可不畏人。望兮⑦，其未央⑧才！众人熙熙⑨，如享太牢⑩，如春登台⑪。我独泊兮⑫其未兆⑬，如婴儿之未孩⑭；累累⑮兮，若无所归。众人皆有余，而我独若遗⑯。我愚人之心也哉！沌沌⑰兮！俗人昭昭⑱，我独昏昏⑲。俗人察察⑳，我独闷闷㉑。澹㉒兮，其若海；飂㉓兮，若无止。众人皆有以㉔，而我独顽㉕且鄙㉖。我独异㉗于人，而贵食母㉘。

字词注释

① **唯**：顺从，遵奉。
② **阿**：同"呵"，本义为责怒，此处与"唯"相对，故指悖逆，违背。
③ **相去几何**：区别，相差有多少？
④ **美**：美好，良善。楚简本，帛书甲、乙本均为"美"，其他本多为"善"，在本章句中主旨可同译。
⑤ **人**：人们，人心，人的意识与观念。
⑥ **畏**：畏惧，敬畏。

⑦ **望兮**：广远啊。"望"，茫，远视茫茫，此处为广、远。帛书甲本为"望"，后世传本为"荒""忙""莽"，古音同，释义相同。

⑧ **未央**：未尽，未已，没有完结之意。

⑨ **熙熙**：人来人往，熙熙攘攘。

⑩ **太牢**：古代帝王祭祀时准备的盛大宴会。

⑪ **登台**：登上高台，比喻争名夺利。

⑫ **泊兮**：淡泊，宁静。参诸葛亮《诫子书》："非淡泊无以明志，非宁静无以致远"。

⑬ **未兆**：没有迹象与征兆，无动于衷。

⑭ **未孩**：刚出生还不会笑的婴儿。

⑮ **累累（léi）**：楚简本该章句缺失，帛书甲、乙本均为"累呵"，河上公本为"乘乘"，想尔本没有该句词，严尊本没有该篇，王弼本为"儽儽"，傅奕本为"儡儡"。诸词在古代典籍中皆用于形容憔悴颓丧的样子。

⑯ **遗**：通"匮"（kuì），匮乏，不足。

⑰ **沌沌（dùn）**：混沌无知，无欲无求。

⑱ **昭昭**：兴高采烈，神采奕奕。

⑲ **昏昏**：混沌，混浊。

⑳ **察察**：形容明察秋毫的样子。

㉑ **闷闷**：形容愚昧浑噩的样子。

㉒ **澹（dàn）**：恬淡，宁静，安然。

㉓ **飂（liù）**：飘忽，飘逸，比喻无挂无碍。

㉔ **有以**：有作为，拥有很多。

㉕ **顽**：浅薄，顽固。

㉖ **鄙**：无所谓，不在意，笨拙，低下。

㉗ **独异**：与众不同。

㉘ **食母**：乳母，引申为遵循自然恒久之道。

译文

顺从与违背，区别有多少？赞美与厌恶，相差有多大？人心所畏啊，所以不可以不去敬畏人啊。广远啊，没有止境。众人熙熙攘攘，就像参加盛大的祭祀活动，又像是春天登上高台欣赏美景，我却独处淡泊且无动于衷，就像是婴儿还不会笑。颓丧困顿的样子啊，就像没有归宿。众人都有富余，而我却像缺了很多。我真是愚人之心啊！混沌无知啊！世人神采奕奕，唯独我混混沌沌。世人明察秋毫，唯独我愚昧浑噩。内心安然啊，像是无边的大海；无挂无碍啊，像是无际的清风。众人都拥有很多，唯独我愚顽且不在意。唯独我异于众人，贵在遵循自然之道，探索万物的本源与生命的真相。

第二十一章　孔德之容

导读

上一章重点阐释了圣人老子懂得"人之所畏，亦不可不畏人"的道理，以"独异于人，而贵食母"的方式秉持其处世之道。本章将进一步重点阐释："唯道是从"是成为有德之人的准则；大德者若能效仿圣人老子，通晓道中的"象""物""精""真"，便能以此知道天地之间万事万物真正的自然规律。

原文

孔德①之容②，唯道是从③。道之为物，唯恍④唯惚⑤。惚兮恍兮，其中有象⑥；恍兮惚兮，其中有物⑦；窈⑧兮冥⑨兮，其中有精⑩。其精甚真⑪，其中有信。自古及今，其名⑫不去，以阅⑬众父⑭。吾何以知众父之然⑮哉？以此。

字词注释

① **孔德**：通达大德者，成为有德之人。参《说文》"孔，通也""通，达也"，《归田录》"自钱孔入"。

② **容**：准则，准绳。参《韩非子》"夫物有常容，因乘以导之，因随物之容"；参《说文》"容，盛（chéng）也"。

③ **唯道是从**：就要遵道而行。参《素书·原始篇》"道者，人之所蹈，使万物不知其所由；德者，人之所得，使万物各得其所欲"。

④ **恍**：仿仿佛佛，恍若隔世，恍然大悟。

⑤ **惚**：昏昏默默，微妙难测，忽然之间。

⑥ **象**：形象。

⑦ **物**：实物。

⑧ **窈**：深远，幽深。

⑨ **冥**：昏暗，暗昧。

⑩ **精**：精质，精微奥妙。参《说文》"精，择也"。

⑪ **真**：真实。旧时指仙人，参《说文》"真，仙人变形而登天也"。

⑫ **名**：此处指本体、身命、使命、名分。

⑬ **阅**：以自然无为的方式去顺应万物。本章借指"道"。楚简本中本章缺失，帛书甲、乙本为"顺"，其他本多见"阅"。"顺"与"阅"在本章中释义相同，参《说文》"顺，理也""理，治玉也"，指治理精致、修整质坚、理顺及顺遂；再参《说文》"阅，具数于门中也"，指容纳且运行。

⑭ **众父**：假借"众甫"（fǔ），指万物的本始、理法。"甫"，起始，开始。帛书本为"众仪（父）"，其他本多为"众甫"，释义相同。

⑮ **然**：情形，情况，状况。除王弼本为"状"，其他本多为"然"。

译文

成为有德之人的准则，就是遵道而行。道这个世物，是以恍惚的形式存在的。惚恍之间，其中有形象；恍惚之间，其中有实物；幽远且暗昧之间，其中有精妙。这个精妙是至真的，是可信验的。从古至今，其名分（道体）永恒长存，以自然的方式去运行万物的规律。圣人老子是怎么知道万事万物真正的自然规律呢？就是以此。

第二十二章　抱一为式

导读

上一章重点阐释了"唯道是从"是成为有德之人的准则，大德者若能效仿圣人老子，通晓道中的"象""物""精""真"，便能以此知道天地之间万事万物真正的自然规律。本章将进一步重点阐释：有德之人应懂得"曲则全，枉则正"等自然规律，可效仿圣人"抱一为天下式"，秉持"不自是""不自见""不自伐""不自矜"的处世之道，以"不争"为准绳。

原文

曲①则②全，枉③则正④，洼⑤则盈，敝⑥则新，少则得，多则惑。是以圣人抱一⑦为天下式⑧。不自是⑨故彰⑩，不自见⑪故明⑫，不自伐⑬故有功，不自矜⑭故长。夫唯不争，故天下莫⑮能与之争。古之所谓⑯"曲则全"者，岂⑰虚言哉？诚⑱全⑲而归⑳之。

字词注释*

①　**曲**：借凹曲之躯（如川谷之态）方可成为载物之器，喻指"心怀若谷"而周全世物。

②　**则**：连词，表示承接关系。

③　**枉**：借屈弯之形（如河床之态）方可成为江河之盆，喻指"枉尺直寻"而周正通达。参《孟子·滕文公章句下》"枉尺而直寻，宜若可为也"。

④　**正**：《道德经》中的"正"，多指至正、真正、通正，还指对"道"的正见正行，参《说文》"正，是也""是，直也""直，正见也"，考《道德经》"不自见，故明"；另指为君、为官、为人处世的准绳，参《尚书·洪范》

"王道正直"，《尔雅•释诂》"正，长也"（郭璞注，谓官长），第二十八章"圣人用之，则为官长"。

⑤ **洼**（wā）：低凹，地下的。
⑥ **敝**：破旧，破乱。
⑦ **抱一**：遵道守本。
⑧ **式**：准则，榜样，方式。
⑨ **自是**：自以为是。
⑩ **彰**：效仿，表彰。
⑪ **自见**：自我表现。
⑫ **明**：明白，通晓，明悟。
⑬ **自伐**：妄自评判，自夸自耀。
⑭ **自矜**：自尊自大。
⑮ **莫**：没有谁，没有哪样东西。
⑯ **所谓**：所说的。
⑰ **岂**：怎么。
⑱ **诚**：副词，指确实、的确。
⑲ **全**：副词，指全都。
⑳ **归**：归纳，概括。

＊本章注释可同参第十章"载营魄抱一……"，第十四章"此三者不可致诘，故混而为一……"，第三十九章"昔之得一者……"，第四十二章"道生一……"。

译文

凹曲如谷才能得以周全，委屈通变才能通达直正，低凹才可盈满，破旧才能迎新，缺少才可获得，过多反而迷惑。所以圣人与道合一，能够成为天下的榜样。不自以为是因而值得效仿，不自持己见才能明悟，不妄自评断因而广施功绩，不矜严自大所以长久。正因其不与人争，所以天下无人能与其争。古人所说的"凹曲如谷才能得以周全，委屈通变才能通达直正"之类的道理，怎能是妄言呢？真的全都归纳了。

第二十三章　同道同德

导读

上一章重点阐释了有德之人应懂得"曲则全，枉则正"等自然规律，可效仿圣人"抱一为天下式"，秉持"不自是""不自见""不自伐""不自矜"的处世之道，以"不争"为准绳。本章将进一步阐释：有德之人应知晓"飘风不终朝，骤雨不终日"等天地自然法则，明白"同德既同道，同失道亦失"的道理。

原文

希言①自然②。飘风③不终朝④，骤雨⑤不终日。孰⑥为⑦此？天地而不能久，又况⑧于人乎？故从事⑨于道者⑩同于道，德者⑪同于德，失者⑫同于失。同于德者，道亦德之；同于失者，道亦失之。

字词注释

① **希言**：不言，无言。"言"在《道德经》中多指声教法令，如"行不言之教""多言数穷""犹兮其贵言"。

② **自然**：自然而然，自然界，顺应大道规律。

③ **飘风**：狂风，暴风。

④ **不终朝**：不到一个早晨，形容时间短暂。"终"在帛书甲本多见"冬"，在帛书乙本皆为"冬"，在其他版本中多见"终"。在本章中"终""冬"释义相同。

⑤ **骤雨**：大雨，暴雨。

⑥ **孰**：疑问代词，指"谁"。

⑦ **为**：主导，运行。
⑧ **况**：何况。
⑨ **从事**：遵循。
⑩ **道者**：遵道而行，有道之人。
⑪ **德者**：贵德守正，有德之人。
⑫ **失者**：失道失德的人。

译文

圣人应少声教法令，行无为之治，任百姓自化自成。狂风难以持续一早晨，暴雨难以持续一整天。谁发动了疾风和暴雨呢？以天地之力尚且不能让自己发动的疾风暴雨持久不息，又何况人呢？所以，能够遵道行事的人，可与道同体；能够守德行事的人，则与德同体；行事失道、缺德的人，与缺失同体。行事有德者，道随其而行；行事失德者，道弃之而去。

第二十四章　道者不处

导读

上一章重点阐释了成为有德之人应知晓"飘风不终朝,骤雨不终日"等天地自然法则,明白"同德既同道,同失道亦失"的道理。本章将进一步重点阐释:在遵循"同道同德"的过程中,应避免的独断专行的态度和行为。

原文

炊者①不立②,跨者③不行④。自见⑤者不明⑥,自是⑦者不彰⑧,自伐⑨者无功⑩,自矜⑪者不长⑫。其在道也,曰余食⑬赘行⑭。物或恶之,故有道者不处。

字词注释*

① **炊者**:形容踮起脚跟盼望而不前行的人。楚简本本章缺失,帛书甲、乙本均为"炊",河上公本为"跂",其他本多为"企"。因参《说文系传》"取其进火谓之爨(cuàn),取其气上谓之炊"(只有下爨与上炊相合,才得《易》中风火家人,即利女贞而合德之象。而炊下无爨,即风下无火,这是只会翘首期盼,不能践行的离德之象);又参《荀子·劝学》"吾尝跂而望矣",《说文》"企,举踵(zhǒng)也"。所以,炊者、跂者、企者,这三者在本章中释义相同。

② **不立**:不能够同于德。参《说文》"立,住也"。

③ **跨者**:不切合实际的进取,不实事求是,不务实的行为。

④ **不行**:不能够稳重前行。

⑤ **自见**:自我表现。

⑥ **不明**：不能够彻悟天道自然的法理。
⑦ **自是**：自以为是。
⑧ **不彰**：不值得被效仿。
⑨ **自伐**：自炫自耀，妄自评断，自认为很好。参《说文》"伐，击也"。
⑩ **无功**：一事无成。
⑪ **自矜**：自大，自命不凡，独断专行。参《国语·晋语》"矜其伐而耻国君"。
⑫ **不长**：不能够长保。
⑬ **余食**：剩余的粮食。
⑭ **赘行**：多余而累赘的行为。

＊本章注释可同参《吕氏春秋·慎大览·察今》"人以自是，反以相诽"。

译文

只顾盼望而不践行的难以伫立，妄行跨越的难以稳重前行。自持己见的人不明智，自以为是的人不值得效仿，妄自评判且自炫自耀的人一事无成，自大且独断专行的人难得长久。这些行为在有道之人眼中，如同剩饭和多余而累赘的行为。这些都是令人厌恶的，因此有道之人不会这样做。

第二十五章　道法自然

导读

上一章重点阐释了在遵循"同道同德"的过程中，应避免的独断专行的态度和行为。本章将进一步重点阐释：先天地而生的"道"，为什么取名为"大"；为什么天、地及王三者也可称为"大"；大道自然与天、地、人之间的效法关系。

原文

有物①混成，先天地生。寂②兮寥③兮，独立而不改④，周行⑤而不殆⑥，可以为天下母。吾不知其名⑦，字⑧之曰道，强为之名曰大⑨。大曰逝⑩，逝曰远⑪，远曰反⑫。故道大，天大，地大，王⑬亦大。域中⑭有四大，而王居⑮其一焉。人法⑯地，地法天，天法道，道法自然⑰。

字词注释

① **物**：某一种世物，指"道"。
② **寂**：寂静，没有声音。
③ **寥**（liáo）：空旷，没有形体。
④ **不改**：永恒不变。
⑤ **周行**：周而复始地运行，循环运行。
⑥ **不殆**：不会停止，永不停息，不停歇。
⑦ **名**：本名，名称。
⑧ **字**：表字，指古人在名字之外取的与本名意义相关的别名。
⑨ **大**：广大，圣人老子给道取的名。

⑩ **逝**：无限运行。

⑪ **远**：源远流长。

⑫ **反**：周而复始，反哺万物。

⑬ **王**：能将天下归往之人。参《说文》"王，天下所归往也"；《灵枢·邪客》"人与天地相应，与四时相副，人参天地，故可为万物之灵"。

⑭ **域中**：世间，天地之间，宇宙内外。楚简本与帛书本为"国中"，"国"指地域地方，借指世界；其他本多见"域中"；两者在本章释义相同。

⑮ **居**：处于，位于。

⑯ **法**：效法，遵循。

⑰ **自然**：没施加人为干涉的自由发展。

译文

有一世物混然而成，在天地之前就存在了。他既无声又无形，独立存在而永恒不变，周而复始永无停息，可以作为天下的母始。我不知道他的名字，表字就叫作"道"，勉强取名就叫作"大"。"大"就能够无限运行，无限运行就能够源远流长，源远流长就能够反哺万物。因此，道可称"大"，天可称"大"，地可称"大"，能让天下人归从的王也可称"大"。世间有此"四大"，而能让天下归从的王居其一。人效法地（谦下质朴、脚踏实地），地效法天（谦下质朴、脚踏实地地顺应天意），天效法道（顺应天意就要遵道守德），道以自然的方式让天地人效法（要以自然的方式遵道守德而行）。

第二十六章　戒轻戒躁

导读

上一章重点阐释了先天地而生的"道",为何取名为"大",为何天、地及王三者也可称为"大",大道自然与天、地、人之间的效法关系。本章将进一步重点阐释:要终日持守"持重避轻""守静制躁"的君子之道,"戒轻戒躁"。

原文

重①为轻②根③,静④为躁⑤君⑥。是以君子⑦终日⑧行不离其辎重⑨,虽有荣观⑩,燕处⑪超然⑫。奈何万乘之主⑬,而以身⑭轻天下。轻则失本,躁则失君。

字词注释*

① **重**:重视,持重,稳重。
② **轻**:轻视,轻狂,轻浮,轻佻,轻蔑,轻慢。
③ **根**:根基,根本。
④ **静**:明静,彻悟。
⑤ **躁**:躁动,浮躁。
⑥ **君**:主宰。参《说文》"君,尊也"。
⑦ **君子**:名分地位高的人,处世高明有道的人。
⑧ **终日**:每一天,每次。
⑨ **辎(zī)重**:古人外出时携带的箱包行李,古代军队中运载物资的辎车,也借指安守其内。

062

⑩ **荣观**：环顾八方，静观繁华，察觉世态。楚简本本章缺失，帛书本为"环官"，其他本多为"荣观"，释义相同。一作华美的驿馆，"观"音guǎn。

⑪ **燕处**：安处。

⑫ **超然**：静观其变，昭然若见，超然物外。楚简本本章缺失，帛书甲本为"□若"，帛书乙本为"昭若"，其他本多为"超然"，释义相同。

⑬ **万乘之主**：古时拥有万辆车乘的天子、帝王或君主。

⑭ **身**：自我，自私，自负，自见自是。

* 本章注释可同参诸葛亮《诫子书》："淫慢则不能励精，险躁则不能治性。"

译文

重是轻的根基，静定是躁动的主宰。所以，君子每次出行都不离开其辎重，一路上虽然尽观繁华世景，却能安守其内而超然物外。无奈有一些大国之主，因其自负而轻慢天下。轻浮就会失去根本，急躁就会丧失生命的主宰。

第二十七章　尊师重道

导读

上一章重点阐释了要终日持守"持重避轻""守静制躁"的君子之道，"戒轻戒躁"。本章将进一步重点阐释：奉行"戒轻戒躁"的圣人的善行之道，行"善行之道"的"要妙"。

原文

善行①无辙迹②，善言③无瑕谪④，善数⑤不用筹策⑥，善闭⑦无关楗⑧而不可开，善⑨结无绳约⑩而不可解。是以圣人，常善救人，故无弃人；常善救物，故无弃物，是谓袭明⑪。故善人⑫者，不善人之师；不善人者，善人之资⑬。不贵⑭其师，不爱其资，虽智⑮大迷。是谓要妙⑯。

字词解释*

① **善行**：善于遵道而行，处世高明有道。参《说文》"善，吉也"，《孙子兵法·军争》"日夜不处，倍道兼行"。

② **辙迹**：轨迹，痕迹。

③ **善言**：顺应天道自然法理的阐述。

④ **瑕（xiá）谪（zhé）**：过失，缺点，过错，瑕疵。

⑤ **善数**：善于计算，天地自然的定数。

⑥ **筹策**：字表意为古时的计算用具，如算盘。本文借指妄自的评判、评断或盘算。

⑦ **善闭**：善于停止自见自是。也可以比喻因故步自封而无法接纳天道自然的法理。

⑧ **关楗**：古时锁门用的木闩（shuān）。借指枷锁、锁具或开关。
⑨ **善结**：与善同行，天人合一，同道同德。
⑩ **绳约**：用绳索来约束。
⑪ **袭明**：传承"道"的智慧，透彻明悟了"道"及之前所述。
⑫ **善人**：尊道贵德的人，善行善举的人，遵道而行的人。
⑬ **资**：资源，借鉴。
⑭ **贵**：重视，注重。
⑮ **智**：智巧，浮华之智。
⑯ **要妙**：重要且精妙的道理。"妙"详见第一章注释。

＊本章注释可同参《淮南子·氾论训》"圣人之道，宽而栗，严而温，柔而直，猛而仁"。

译文

善行没有固定的轨迹去刻意模仿，善言没有瑕疵，善于计算的不用盘算，善于闭合的即便没有锁具也打不开，善于结合的即便没有绳索也解不开。所以圣人，常善于救人，因此没有放弃之人；常善于物尽其用，因此没有放弃之物，这就是传承了道的智慧。因此，善行此道者，是不善行此道者的老师；不善行此道者之所为，可作为善行此道者的借鉴。不重道尊师，不爱惜可供借鉴的资源，虽有智巧却身处迷途。这些是重要且精深奥妙之理。

第四篇　行道

唯有践行兴国安邦的治世之道
方能至达清静无为的淳朴之德

第二十八章　朴散成器

导读

上一章重点阐释了奉行"戒轻戒躁"的圣人的善行之道和行"善行之道"的"要妙"。本章将进一步重点阐释：懂得尊师重道的"要妙"之后，要了解"雄强"与"雌柔"、"白"与"黑"、"荣"与"辱"之间的关系；恒久之德不离不偏且长足的准则；人成材成器的基石。

原文

知①其雄②，守③其雌④，为天下⑤溪⑥。为天下溪，常德⑦不离，复归于婴儿。知其白⑧，守其黑⑨，为天下式。为天下式，常德不忒⑩，复归⑪于无极⑫。知其荣，守其辱，为天下谷。为天下谷，常德乃足⑬，复归于朴⑭。朴，散⑮则为器⑯。圣人用之，则为官长⑰，故大制⑱不割⑲。

字词注释

① **知**：知道，深知。

② **雄**：雄强，阳刚。

③ **守**：源于，安守。

④ **雌**：雌弱，阴柔。

⑤ **天下**：普天之下，万事万物，自然界。

⑥ **溪**：居下的溪流、河川。可参《周易·涣卦》"利涉大川"。

⑦ **常德**：恒常之德，长久之得。

⑧ **白**：此处指收获。中华古代哲学"阴"及"五行金"中所含的万物类象之一。参《说文》"白，西方色也"，《三命通会·卷一》"金居西方，西，

阴也"，《说文·段注》"入（收获）者阴也"。

⑨ **黑**：此处指付出。中华古代哲学"阳"及"五行水"中所含的万物类象之一。参《说文·段注》"黑，北方色也""出（付出）者阳也"，《三命通会·卷一》"水，北方子之位也。子者，阳之初，一，阳数也"。

⑩ **不忒**（tè）：不变，没有差错。参《周易·豫卦》"天地以顺动，故日月不过，而四时不忒"。

⑪ **复归**：这是源自，这是因为。

⑫ **无极**：虚无的大道始源，宇宙万物的本源。

⑬ **足**：长足，充足。

⑭ **朴**：本意指粗朴简素的木帐，此处指自然的淳朴、质朴、朴素。楚简本本章缺失，帛书甲本为"楃"，其他本多见"朴"。"楃""朴"释义相同。

⑮ **散**：散播，行进，发扬。

⑯ **器**：有真正能力的，有功用的，有价值的。

⑰ **官长**：字面意是百官之长，本章句借指处世之道的准绳、人生方向的坐标。

⑱ **大制**：运用大道治理天下。

⑲ **不割**：离不开且不可分割。

译文*

知道雄强是因为守于雌柔，甘愿做汇集天下的溪流。甘愿做汇集天下的溪流，恒久之德就不会离失，这源于安守婴儿般的至真。知道收获是因为守于付出，甘愿做天下的榜样。甘愿做天下的榜样，恒久之德就没有差错，这源于安守虚无的本始。知道荣耀是因为守于垢辱，甘愿做承托天下的凹谷。甘愿做承托天下的凹谷，恒常之德就会长足，这源于安守自然的淳朴。能够安守自然淳朴的人，无论何时何地都能够成才成器。圣人将上述道理作为处世的准则。所以，治理天下更是离不开上述道理。

*本章译文前三段开头词句的断句方式，依据第五十二章"守柔曰强"。

第二十九章　天下神器

导读

上一章重点阐释了懂得尊师重道的"要妙"之后，要了解"雄强"与"雌柔"、"白"与"黑"、"荣"与"辱"之间的关系，以及恒久之德不离不偏且长足的准则，人成材成器的基石。本章将进一步重点阐释：天下是至高无上的，不能为了占有天下而刻意妄为；对待世事要以"顺其自然的规律"为准则；圣人"去甚""去奢""去泰"的处世之道。

原文*

将欲取①天下而为②之，吾见其不得已③。天下神器④，不可为也，为者败之，执⑤者失之。故物⑥或行或随，或歔⑦或吹⑧，或强⑨或羸⑩，或载⑪或隳⑫。是以圣人去甚⑬，去奢⑭，去泰⑮。

*本章后半部分的字词，各版本差别较大，但所表述的道理皆相通，详见本书附后各版本原文。

字词注释

① **将欲取**：要想夺取，想要取得。

② **为**：有为，刻意而为，妄为。

③ **不得已**：不可能实现，不会得到。可参《中庸·第十三章》"道不远人，人之为道而远人，不可以为道"。

④ **天下神器**：天下是神圣之物，天地之间至上的处世之道。

⑤ **执**：坚持，固执，固持。

⑥ **物**：万事万物，外界的人或事物。

⑦ 歔（xū）：本义是嘘唏、抽泣、吸气等。此处比喻"一个鼻孔出气"，借指认同或主张相同。

⑧ 吹：本义是吹气、吹嘘等。此处比喻"用嘴巴吹气"，借指意见不同、反驳、反对等。

⑨ 强：刚强，强壮。

⑩ 羸（léi）：柔弱，瘦弱。

⑪ 载（zài）：秉承，继承。

⑫ 隳（huī）：动摇，放弃，做不好，堕落。

⑬ 甚：过分的行为。

⑭ 奢：奢求，奢望，奢侈。

⑮ 泰：极端的行为，骄纵傲慢。

译文

为了取得天下而刻意为之，我认为其不会达成目的。天下是至高无上的，不可以妄为，妄为导致败落，固持就会迷失。任万物或是行前，或是跟随；或是认同，或是反驳；或是刚强，或是羸弱；或是自爱，或是自弃。所以，圣人没有过分，没有奢求，没有极端。

第三十章　善者果已

导读

上一章重点阐释了天下是至高无上的，不能为了占有天下而刻意妄为，以及对待世事要以"顺其自然的规律"为准则和圣人"去甚""去奢""去泰"的处世之道。本章将进一步重点阐释：运用了上述道理的人，其"用兵之道"应秉持的准则；"物壮则老"与"不道早已"的自然规律。

原文

以道佐①人主②者，不以兵强天下，其事好还③。师④之所处，荆棘⑤生焉。大军之后，必有凶年⑥。善者果⑦而已⑧，不敢以取强。果而勿矜⑨，果而勿伐⑩，果而勿骄，果而不得已⑪，果而勿强。物壮则老⑫，是谓不道，不道早已⑬。

字词注释*

① **佐**：辅佐，支持，帮助。
② **人主**：人生的信念、方向。
③ **好还**：好的回报。
④ **师**：出兵征战。
⑤ **荆棘**：本义为山野丛生多刺的灌木。此处形容干戈满地，生机荒芜。楚简本此句词缺失。帛书甲为"楚朸（lì）"，因楚国都城设于荆州，所以"楚"又称"荆"，湖北又称"荆楚"，而"朸"指木纹棱角，故"楚朸"与其他版本多见的"荆棘"释义相同。
⑥ **凶年**：灾祸连年。

⑦ **果**：结果。

⑧ **而已**：止此，罢了。

⑨ **矜**：自大。

⑩ **伐**：炫耀。

⑪ **不得已**：并非本意，无奈之举，不得不这样。

⑫ **物壮**：事物强壮。

⑬ **早已**：早亡。

* 本章注释可同参《孙子兵法·谋攻》"不战而屈人之兵，善之善者也。故上兵伐谋，其次伐交，其次伐兵，其下攻城。攻城之法为不得已"，《商君书·战法》"胜而不骄，败而不怨"。

译文

以道辅助自己为人处世，不以武力强征天下，这样做会得到好的回报。交战之处，杂草丛生。征战过后，必是凶祸连年。善者用兵达到目的就会停止，不依靠武力争强好战。用兵达成目的之后不自大，不炫耀，不骄横，大动干戈是迫不得已，武力取胜后不再强硬行事。万事万物都不可逞强，强极必衰，这就是没有顺应自然之道，不顺应自然之道就会早早消亡。

第三十一章　道不处兵

导读

上一章重点阐释了运用前文道理的人，其"用兵之道"应秉持的准则，以及"物壮则老"与"不道早已"的自然规律。本章将进一步重点阐释：有道之人对使用武力兵械与珍爱生命的态度，争战前后以及对待亡者的处事准则。

原文

夫兵者①，不祥之器②。物或恶之，故有道者不处③。君子居则贵左④，用兵则贵右⑤。兵者不祥之器，非君子之器，不得已而用之。恬淡⑥为上，胜而不美。而美之者，是乐杀人。夫乐杀人者，则不可以得志于天下矣。是以吉事尚左，凶事尚右。是以偏将军居左，上将军居右，言以丧礼居之也。杀人众，以悲哀莅之；战胜，以丧礼处⑦之。

字词注释

① **兵者**：兵械，武力，激进的言行。
② **器**：器物，事物，也借指举动。
③ **不处**：不据有，不用。
④ **左**：古时礼制以左为上。
⑤ **右**：古时行军打仗以右为上。
⑥ **恬淡**：淡泊恬静。楚简本与帛书本皆为"铦袭"，形容安静从容，与"恬淡"释义相同。
⑦ **处**：对待，安置。

译文

兵器，是不祥之物。世人都厌恶它，所以有道之人不会用它。君子处世以左方（左为阳，主生）为贵，兴兵出战时以右方（右为阴，主杀）为贵。所以，有道主君不以兴兵治天下。用兵不祥，万不得已用兵，不露锋芒为上。胜利了也不要大张旗鼓地庆祝，如果大张旗鼓地庆祝，就是将杀人看作快乐的事。这样的人不可能拥有天下。办喜庆的事以左方为上，办凶丧的事以右方为上；故而，偏将军在左边，上将军在右边，意为兴兵不吉，要以右为上的凶丧之礼列位。杀人众多，要带着哀痛的心情去对待；打了胜仗，要用丧礼的仪式去处置。

第三十二章　道常无名

导读

上一章重点阐释了有道之人对使用武力兵械与珍爱生命的态度，争战前后以及对待亡者的处事准则。本章将进一步重点阐释：要懂得安守"无名之朴"，使得"万物自宾"；要懂得"知止所以不殆"，效仿道在天下之态。

原文

道常无名，朴①虽小②，天下莫能③臣④。侯王⑤若能守⑥之，万物将自宾⑦。天地相合⑧，以降甘露⑨，民莫之令⑩而自均。始制有名⑪，名亦既有，夫亦将知止⑫，知止所以不殆⑬。譬⑭道之在天下，犹川谷⑮之与江海。

字词注释*

① **朴**：自然质朴。
② **小**：微妙，看似渺小。
③ **莫能**：没有谁能够。
④ **臣**：臣服。
⑤ **侯王**：古时的诸侯，借指遵道而行有志之人。
⑥ **守**：遵循，持守。
⑦ **自宾**：自然安顺。参《史记·五帝本纪》"诸侯咸来宾从"。
⑧ **天地相合**：天地各遵其道，天地遵循其各自的自然使命规律。
⑨ **甘露**：甘霖雨露。本文借指天下万物得以生机运转。参《礼记·郊特牲》"天地合而后万物兴焉"。
⑩ **令**：刻意地指使或争取。

⑪　**始制有名**："无"开始创生天地之时，万物便遵循其各自的自然使命规律。参第一章"无，名天地之始"，《说文》"制，裁也"，《孟子·梁惠王章句上》"可使制梃，以挞秦楚之坚甲利兵矣"；再参第一章第一个"名"的字词注解；再考本章句词原文的前后逻辑。

⑫　**知止**：知道适可而止。

⑬　**不殆**：不会有危难，不会有懈怠。

⑭　**譬**：譬如，好比。

⑮　**川谷**：承载江河湖海的凹谷，也形容虚怀若谷广纳一切。楚简本与帛书本为"小谷（浴）"，其中的"小"有微妙莫测且看似渺小之意，而"谷"是空谷之意。"小谷"与其他本多见的"川谷"释义相同。

＊本章注释可同参《庄子·齐物论》"道隐于小成，言隐于荣华"；《周易·泰卦》"天地交而万物通也，上下交而其志同也"。

译文

"道"永恒且虚无的功用，既自然质朴又看似渺小，但天下却没有谁能令其臣服。有志之人若能够持守"道"的准则，万物将自然安顺。天地各遵其道，这样才会普降甘霖（天下万物得以生机运转），无须人为指使而能自然分布均匀。"无"开始创生天地的时候，万物便遵循着各自的自然使命规律，这个规律既然早已存在，人就要懂得什么行为该适可而止，懂得适可而止就不会有危难。这就好比道存于天下的状态，如同于河海之床（凹谷）虽然虚空，却能够承载江河湖海。

第三十三章　不失其所

导读

上一章重点阐释了要懂得安守"无名之朴",使得"万物自宾";还要懂得"知止所以不殆",效仿道在天下之态。本章将进一步重点阐释:效仿"道在天下之态"的有志之人,要懂得"知人与自知""胜人与胜己""知足者富"及"不失其所且死而不亡者寿"等自然规律。

原文

知人①者智,自知②者明。胜人③者有力④,自胜⑤者强。知足⑥者富,强行⑦者有志⑧。不失其所⑨者久,死⑩而不亡⑪者寿⑫。

字词注释*

① **知人**:能够了解他人。

② **自知**:能够了解自己。

③ **胜人**:超越他人,战胜他人,胜任为人。参《说文》"勝(胜),任也。从力,朕声""人,天地之性最贵者也"。

④ **力**:能力,武力,得力于。《说文》"力,筋也。……治功曰力,能御大灾""功,以劳定国也"。

⑤ **自胜**:超越自己,克制自己,通达天地之志,超脱自见自是。

⑥ **知足**:常解是对已经得到的觉得满足,本章指懂得本性具足的道。

⑦ **强行**:坚韧不拔、持之以恒地践行正道,自强不息,坚持不懈。

⑧ **有志**:具有志向,志气,得志。

⑨ **不失其所**:不失去根本,不迷失本源。

⑩ **死**：去私心贪欲，消亡。

⑪ **不亡**：持守永恒之道，精神不朽。

⑫ **寿**：长生长寿，长远恒久。

* 本章注释可同参第四十六章"知足之足，常足矣"；《鬼谷子·反应》"知之始己，自知而后知人也"；《史记·商君列传》"反听之谓聪，内视之谓明，自胜之谓强"；《孙子兵法·谋攻篇》"知彼知己者，百战不殆"；《史记·蔡泽列传》"有而不知足，失其所以有"。

译文（一）

了解他人凭智慧，了解自己是高明。超越他人凭能力，超越自己是强者。知足常乐才富有，自强不息凭志向。不失根本得长久，弃贪守恒得长寿。

译文（二）

了解他人的智慧，是源于了解自己，了解自己是源于明晰了道的规律。超越他人得力于超越自己，超越自己得力于自强不息。懂得知足才是真正的富有，真正的富有源于自强不息且志向不移。不失其富有且能够长久，是源于周而复始地持守无名之朴。

译文（三）

能够洞悉他人者可谓有智，而能够深度内省、彻悟自身者才是明达。超越他人仅能彰显能力之强，能克己私欲、克服自身缺点，才是真正的强大。知晓满足于真正内心所往者，其精神世界富足。坚韧不拔、持之以恒地践行正道者，才是真有志气。不偏离自己安身立命之根本，才能长久稳固。身死而精神不朽，其思想理念泽被后人者，才称得上不朽之寿。

第四篇　行道

第三十四章　自不为大

导读

上一章重点阐释了效仿"道在天下之态"的有志之人，要懂得"知人与自知""胜人与胜己""知足者富"及"不失其所且死而不亡者寿"等自然规律。本章将进一步阐释：有志之人更要懂得"大道氾兮，其可左右"的道理，做到"可名于小"且永不自大。

原文

大道氾①兮，其可左右②。万物恃③之以生而不辞，功成而不名有，衣养④万物而不为主⑤。常无欲⑥，可名⑦于小⑧；万物归焉⑨而不为主，可名为大⑩。以其终不自为大，故能成其大。

字词注释

① 氾：广博，普遍，飘忽不定。楚简本中本章缺失；帛书甲本中本字缺失；帛书乙本为"渢"，形容流水飘风之声，喻指空旷无边且飘忽不定；河上公本、想尔本及王弼本均为"氾"；今通行本常见为"泛"，与前者释义相同。

② 左右：支配，操控，控制。

③ 恃：依靠他，依赖他。

④ 衣养：抚养，养育。

⑤ 主：主导。参《说文》"主，镫中火主也"。"镫"（dēng），古时指油灯，后写作"燈"，现简化为"灯"。

⑥ 无欲：没有欲念。

⑦ **名**：名字，名称。
⑧ **小**：微小，也借指微妙。
⑨ **焉**：语气助词，相当于"啊"。
⑩ **大**：广大，广纳，伟大。

译文

大道广阔无边，无法支配它。万物依靠它得以生长不曾有失，成就万物不图其名，抚养万物不为主导。因其永恒的无欲无求，也可称其为"小"。万物所归于此却不为主导，又可称其为"大"。因其永不自以为大，所以才能成就其"大"。

第三十五章　执大象往

导读

上一章重点阐释了有志之人更要懂得"大道氾兮，其可左右"的道理，做到"可名于小"且永不自大。本章将进一步重点阐释：有志之人遵道而行，往来天下时常见的现象；道难以用语言阐释清楚且无形无声，但其作用不可穷尽。

原文

执①大象②，天下往③。往而不害④，安⑤平⑥太⑦。乐⑧与饵⑨，过客止。道之出口⑩，淡⑪乎其无味。视之不足见，听之不足闻，用⑫之不可既⑬。

字词注释

① **执**：秉持，遵循。

② **大象**：大道自然的规律、准则及运行之象。

③ **往**：处世行往，遵道而行，行进。

④ **害**：妨害，伤害。

⑤ **安**：安宁。

⑥ **平**：平静。

⑦ **太**：太平，祥泰。

⑧ **乐**：动人的声音，动听的音乐。

⑨ **饵**：诱人的食物。

⑩ **出口**：用言语或文字表达。楚简本中该词所在句有缺失；帛书本与想尔本为"出言"；河上公本、王弼本及今通行本多见"出口"，与前者释义

相同。

⑪ **淡**：平淡，淡泊。

⑫ **用**：运用。

⑬ **不可既**：不可穷尽。王弼本与部分今通行本为"不足既"，其他版本多为"不可既"。

译文

遵循大道的准则，往来天下。往来而不相妨害，呈现的是安宁平泰。动听的音乐和美食，会使人停下脚步。道讲出口时，却平淡且无味。道，不能看到实体，不能听到实质的声音，运用起来，其功用却不可穷尽。

第三十六章　以柔胜刚

导读

上一章重点阐释了有志之人遵道而行，往来天下时常见的现象，以及道难以用语言阐释清楚且无形无声，但其作用不可穷尽。本章将进一步重点阐释：有志之人如何用好"道"的"微明"之法；运用"道"须遵循"柔弱胜刚强""鱼不脱渊""国之利器不可示人"等自然规律。

原文

将欲①噏②之，必固③张之；将欲弱之，必固强之；将欲废之，必固兴④之；将欲夺之，必固与⑤之。是谓微明⑥。柔弱胜刚强。鱼不可脱⑦于渊⑧，国之利器⑨不可以示人⑩。

字词注释

① **将欲**：想要。

② **噏（xī）**：得到，拥有。其中，楚简本中本章缺失；帛书甲本为"拾"；帛书乙本为"擒"，可能是"翕"字的异体字；河上公本为"噏"；王弼本为"歙"；今通行本多见"翕"。各版之中，本章本字虽有不同，但释义相同。

③ **固**：先，暂且之意。楚简中本本章缺失；帛书本为"古"；其他版本中多见"固"；"古"是"固"的假借字。

④ **兴**：举出，发现，兴起，兴举。楚简本中本章缺失；帛书本为"与（给予）"；河上公本、王弼本及今通行本多为"兴（兴起）"，释义相同。

⑤ **与**：给予。

084

⑥ **微明**：精微奥妙的道理，需要意会的方法。参《说文》"微，隐行也""明，照也"。

⑦ **脱**：离开，脱离。

⑧ **渊**：深水，喻指天地的抚育、自然的规律、道本源本体。

⑨ **国之利器**：江山社稷的至上规策，也指至上的处世之道。

⑩ **不可以示人**：不可以、不便于、不适合展示给他人。至上的处世之道应效仿"鱼不可脱于渊"的自然规律。所以，有志之人，思想要有深度，格局要有宽度；视野要有高度，为人要大度；待人要有温度，待物要有风度；德行要有厚度，付出要有广度；言行要有尺度，精进要有进度。这一番道理的实际所指，难以用语言文字表述清楚，所以难以示人，不可示人。参《周易·系辞下传》"君子藏器于身，待时而动"。

译文

想要收敛，必先扩张；想要削弱，必先强大；想要废除，必先兴盛；想要获取，必先给予。这是精微奥妙的道理。柔弱胜过刚强。鱼儿不可脱离深水，国之利器不可展露。

第五篇　至德

唯有至达清静无为的淳朴之德
方能善行天下可贵的自然之德

第三十七章　道常无为

导读

上一章重点阐释了有志之人如何用好"道"的"微明"之法，运用"道"须遵循"柔弱胜刚强""鱼不脱渊""国之利器不可示人"等自然规律。本章将进一步重点阐释：有志之人常安守"道常无为""不欲以静，天下将自定"等顺应自然的处世准则，就能够呈现"万物自化"的自然状态。

原文

道常无为而无不为①。侯王②若能守③之，万物将自化④。化而欲作⑤，吾将镇⑥之以无名之朴⑦。镇之以无名之朴，夫将⑧不欲⑨，不欲以静⑩，天下将自定⑪。

字词注释*

① **无不为**：成就万物，没有做不到的。
② **守**：遵循，遵守。
③ **自化**：自然化育，自然运化。
④ **侯王**：泛指诸侯，本文也代指希望自己的人生能有所成就者。
⑤ **作**：产生。
⑥ **镇**：抑制，控制，约束。
⑦ **无名之朴**：虚无自然的质朴，自然之道，无为之道。
⑧ **将**：将要，就要。
⑨ **不欲**：没有私欲和贪欲。楚简本有本章但无此段词句；帛书甲本与乙本中为"不辱"；除了王弼本为"无欲"，其他本多见"不欲"。本书作者

认为：不欲则无碍，自与耻不染，所以"不辱""不欲"及"无欲"这三个词用在本章中，释义相同。参《说文》"辱，耻也"。

⑩ **静**：自然得以清静，明静，彻悟。楚简本为"静"，帛书甲本为"情"，帛书乙本与其他本多见"静"。古文中"静"与"情"通假。

⑪ **自定**：自然安定。

*本章注释可同参第三十二章"道常无名，朴虽小，天下莫能臣。侯王若能守之，万物将自宾"。

译文

道永恒无为但又没有什么做不到的。侯王若能安守于道，万物将自然运化。这个过程中如果滋生贪欲，我将用虚无自然的淳朴来治化。用虚无自然的淳朴来治化，这将会去除贪欲，没有贪欲便得以清静，天下将自然安定。

第三十八章　处实不华

导读

上一章重点阐释了有志之人常安守"道常无为""不欲以静,天下将自定"等顺应自然的处世准则,就能够呈现"万物自化"的自然状态。本章将进一步重点阐释:有志之人要懂得"上德"与"下德"这两种处世之道的不同,懂得道、德、仁、义、礼的作用规律,要"处实不华"。

原文

上德①不德②,是以有德。下德不失德,是以无德。上德无为而无以为③,下德为之④而有以为⑤。上仁⑥为之而无以为,上义⑦为之而有以为。上礼⑧为之而莫之应,则攘臂⑨而扔⑩之。故失道而后德,失德而后仁,失仁而后义,失义而后礼。夫礼者,忠信之薄⑪而乱之首。前识者⑫,道之华⑬而愚之始。是以大丈夫⑭处其厚⑮,不居⑯其薄。处其实,不居其华。故去彼⑰取此⑱。

字词注释*

① **上德**:上德之人。
② **下德**:下德之人。
③ **无以为**:无人为刻意的作为。
④ **为之**:为某事,做某事,因某事。
⑤ **有以为**:有人为刻意的作为。
⑥ **仁**:仁爱,仁慈。第五章"天地不仁"是指天地没有刻意的私心仁爱,本章的"仁"是指无私且顺应自然的大慈大爱。所以,此两章出现的"仁"并不矛盾,且彼此还有互相支撑作用。

⑦ **义**：威仪，正义，忠义。

⑧ **礼**：交换，礼信，礼节。

⑨ **攘（rǎng）臂**：挥舞手臂。

⑩ **扔（rèng）**：本章中指控制、抓住、强制他人做回应。楚简本本章缺失，帛书本为"乃"，河、傅、严本中为"仍"，其他本多为"扔"，释义相同。参《广韵•证韵》"扔，强牵引也"。清代以前，"扔"没有抛掷、抛弃的意思，也不读 rēng。

⑪ **薄**：轻微，少，不足，衰薄。楚简本本章缺失，帛书甲本与乙本中为"泊"，其他本常见"薄"，这两个字释义相同。

⑫ **前识者**：多释为自以为有先见之明者。参《韩非子•解老》"先物行，先理动，之谓前识。前识者，无缘而忘意度也"，"忘"通"妄"，意为那些没有搞明白前因后果就妄自猜测的人，没有掌握问题的实质就随意下结论、开药方的人；河上公注"不知而言知为前识"；王弼注"前识者，前人而识也，即下德之伦也。竭其聪明以为前识，役其智力以营庶事，虽得其情，奸巧弥密，虽丰其誉，愈丧笃实"，意为以其世俗的聪明才智先于世人倡导、推行仁义和礼节的人——世人尚淳朴无知，聪明之人就开始倡导仁义；世人尚修仁讲义，有智识之人就开始推行礼节，使得人类逐渐废道离德，弃仁失义，陷入了虚伪和混乱。另释为预设的，即预先把程序设置出来，直接走捷径——何必悟道，何必无我利他，直接学习礼、仁、义不就行了么？但为人处世，"道"才是根，"仁""义""礼"只是枝叶，不可本末倒置。此两释内涵相通，本书依前释。

⑬ **道之华**：世道繁华、浮华。参《说文》"道，所行道也""华，荣也"。

⑭ **大丈夫**：为人处事遵道而行的人，有志向的人，有作为的人。

⑮ **厚**：质朴淳厚。

⑯ **不居**：不处，不这样，不据有，不占有。

⑰ **去彼**：去除薄、华。

⑱ **取此**：采取厚、实。

＊本章注释可同参《素书•原始章》"夫道、德、仁、义、礼五者，一体也。道者，人之所蹈，使万物不知其所由。德者，人之所使，使万物各得其所欲。仁者，人之所亲，有慈慧恻隐之心，以遂其生成。义者，人之所宜，赏善罚恶，以立功立事。礼者，人之所履，夙兴夜寐，以成人伦之序。夫欲

为人之本，不可无一焉"。

译文

上德不刻意为德，所以有德。下德刻意为德，所以无德。上德没有刻意而为所以无为，下德刻意为之所以是有为。仁爱之举顺应天意所以无为，上义之人如果意气用事则是有为。施礼时得不到回应，便恨不得挥臂抓住对方要求回应。因此迷失了道才讲求德，失去了德才讲求仁，失去了仁才讲求义，失去了义才讲求礼。礼制，是世人忠信不足的产物，是天下纷乱的开端。自以为有先见之明的人推行礼法，是道的外在假象，是愚昧之始。所以，有志之人，处世淳厚，不轻浮；处事实事求是，不浮夸。所以，应以此作为处世之道的取舍。

第三十九章　至誉无誉

导读

上一章重点阐释了有志之人要懂得"上德"与"下德"这两种处世之道的不同，懂得道、德、仁、义、礼的作用规律，要"处实不华"。本章将进一步重点阐释："得一"对于天地人神及万物的功用；秉持"贵以贱为本，高以下为基"等"得一"的处世准则。

原文

昔①之得一②者③：天得一以④清；地得一以宁；神得一以灵；谷得一以盈；万物得一以生；侯王得一以为天下正⑤。其致之也：天无以⑥清将恐裂；地无以宁将恐发；神无以灵将恐歇⑦；谷无以盈将恐竭⑧；万物无以生将恐灭；侯王无以高贵将恐蹶⑨。故贵以贱⑩为本，高以下⑪为基。是以侯王自谓⑫孤、寡、不榖⑬。此其以贱为本邪？非乎。故至⑭誉无誉。不欲⑮琭琭⑯如玉，珞珞⑰如石。

字词注释*

① **昔**：往昔。
② **得一**：专一精思尊道贵德，处实不华的奉行道、德、仁、义、礼之举。
③ **者**：人或万物的代词。
④ **以**：得以，得到。
⑤ **正**：归正，守正。
⑥ **无以**：得不到，没有得到。楚简本本章缺失，帛书本为"毋已"，

其他本多为"无以",释义相同。

⑦ **歇**：停止,休止。

⑧ **竭**：干枯,枯竭。

⑨ **蹶**（jué）：本义为倒下。本文指失去尊位。

⑩ **贱**：特指谦卑、放下自大。

⑪ **下**：特指谦下、善于处下。

⑫ **自谓**：自称。

⑬ **孤、寡、不穀**：均为古时君主侯王的自谦之称。"孤",孤苦;"寡",寡德;"不穀",不善。

⑭ **至**：副词,指极、最。

⑮ **不欲**：不希望,不求。

⑯ **琭琭**（lù）：形容稀少珍贵,琭琭如玉。

⑰ **珞珞**（luò）：坚硬,刚正。

*本章注释可同参第十章"载营魄抱一……",第十四章"此三者不可致诘,故混而为一……",第二十二章"是以圣人抱一为天下式……",第四十二章"道生一……"。

译文

往昔的得道之者：天有道得以清平；地有道得以宁静；神有道得以灵气；河谷有道得以充盈；万物有道得以生长；侯王有道得以天下归正。推而言之：天不清平怕要崩裂；地不安宁怕要爆发；神形没有灵气怕要休止；河谷不得充盈怕要枯竭；万物不能生长怕要灭绝；侯王失去高贵怕要失去尊位。所以,贱是贵的根本,高以下为基础。所以,侯王自称孤、寡、不穀。这样是表达自己卑贱么？并不是。所以,至高的荣誉不需赞誉。不求成为珍贵的美玉,甘为质朴无华的坚石。

第四十章　道之运用

导读

上一章重点阐释了"得一"对天地人神及万物的功用,"贵以贱为本,高以下为基"等"得一"的处世准则。本章将进一步重点阐释:"得一"者还要懂得"反之为动,弱之为用""天下万物生于有,有生于无"的大道自然的规律。

原文

反者①,道之动②。弱③者,道之用④。天下万物生于有⑤,有生于无⑥。

字词注释*

① **反者**:反其道而行之,复归根本。参第六十五章"与物反矣,然后乃至大顺";《说文》"反,覆也","覆"指翻转。
② **动**:运行,运动。
③ **弱**:柔弱,微妙,虚无。
④ **用**:运用,应用。
⑤ **有**:天地之间的一切有形事物。
⑥ **无**:空无,虚无。

*本章注释可同参《鬼谷子·反应》"古之大化者,乃与无形俱生""以反求复,观其所托"。

译文

相反的,是道的运行。柔弱的,是道的运用。天下万物得生于有形,而有形源于空无。

第四十一章　善始善成

导读

上一章重点阐释了"得一"者还要懂得"反之为动，弱之为用""天下万物生于有，有生于无"的大道自然的规律。本章将进一步重点阐释："得一"者更要懂得不同人闻道之后的态度，明悟并践行无形无象的道。

原文

上士①闻道，勤②而行之；中士③闻道，若存若亡④；下士⑤闻⑥道，大笑之。不笑不足以为道。故建言⑦有之：明道若昧⑧，进道若退，夷⑨道若纇⑩。上德⑪若谷，大白⑫若辱⑬。广德若不足，建德⑭若偷⑮，质真若渝⑯。大方⑰无隅⑱，大器曼⑲成。大音希⑳声，大象㉑无形，道隐㉒无名。夫唯道，善始且善成。

字词注释

① **上士**：道德高尚的人。
② **勤**：勤勉，精进。楚简本与帛书乙本为"堇"，其他本多见"勤"，可通译。
③ **中士**：中等德行的人。
④ **亡**：无，没有。
⑤ **下士**：浮浅的人。
⑥ **闻**：听到，看到，遇到，了解到。
⑦ **建言**：此处指古语或古谚。
⑧ **昧**：舍弃了什么。楚简本与帛书乙本为"费（指失去了什么）"，帛

书甲本本章大部缺损。"昧"与"费"释义相同。

⑨ **夷**：视之不见，难以理解，没有形象，旷远。

⑩ **纇**（lèi）：凹凸，崎岖，不平坦。

⑪ **上德**：至上大德。

⑫ **大白**：最大的收获。先据《说文》"白，西方色也"；再据《三命通会·卷一》"金居西方，西，阴也"；又据《说文·段注》"入（收获）者阴也"。

⑬ **辱**：借指付出常人所不愿。

⑭ **建德**：建立德行或功业。

⑮ **偷**：偷取，隐匿。

⑯ **渝**：变为垢浊。参《说文》"渝，变污也"。

⑰ **大方**：无上大的面积，最大的体积。

⑱ **无隅**：无边。

⑲ **大器曼成**：大用之才幽远旷久而成。楚简本为"曼成"，帛书甲本此章大部缺损，帛书乙本为"免成"（可指始于本源而免于成），其他本常见"晚成"（指早时精进而后有成）。古时"晚"与"免"常通用。

⑳ **希**：无声，虚无。

㉑ **大象**：大道自然的规律、准则及运行之象。

㉒ **隐**：隐藏，难以识清。楚简本此章中缺此字，帛书甲本此章大部缺损，帛书乙本为"褒"（指掩藏，与"隐"释义相同），其他本多为"隐"。

译文

上士听闻道，勤学践行；中士听闻道，时而记得践行，时而遗忘；下士听闻道，哈哈大笑。不被见笑就不足以为道。因此，古之有言：明悟道后好像在舍弃，践行道像似退步，视之不见的道像似崎岖凹凸。至上之德像似虚空的山谷，最大的获得像似付出常人所不愿。大行德广像似微不足道，修德建功像似偷隐，淳朴至真像似变为垢浊。最大的面积是无边无际，大用之才是幽远旷久而成。至上的声音是微妙无声，不见其形，道常隐世不见其名。这些正是遵循道的规律，所以能善始善终且善做善成。

第四十二章　三生万物

导读

上一章重点阐释了"得一"者更要懂得不同人闻道之后的态度，明悟并践行无形无象的道。本章将进一步重点阐释：道生万物的规律；万物"负阴抱阳，冲气为和"的法则；事物的"损益之道"；教导他人时不可强求。

原文

道生一①，一生二②，二生三③，三生万物。万物负④阴而抱⑤阳，冲气⑥以为和⑦。人之所恶，唯孤、寡、不穀，而王公以为称。故物或损⑧之而益⑨，或益之而损。人之所教，我亦教之。强梁⑩者不得其死⑪，吾将以为教父⑫。

字词注释*

① 一：无，虚无，无极。详见第十四章注释。

② 二：有无之相生，由此呈现天地之间。代指太极阴阳两仪，世间既对立又统一的两种自然属性，例如天与地。参第一章"无，名天地之始；有，名万物之母""此两者同出而异名"，第二章"有无相生"，第十一章"有之以为利，无之以为用"，第四十章"天下万物生于有，有生于无"，《黄帝内经·素问》"阳化气（无），阴成形（有）""故清阳为天，浊阴为地"；又参《周易·系辞》"天一地二"。

③ 三：无和有，天和地周而复始地运化，由此呈现美与丑、善与恶、难与易、长与短、高与下、音和声、前和后等万事万物。代指太极阴阳两仪运化而生天地万象、天地人三才。参第二章全文，第六章"玄牝之门，是谓天地根。绵绵若存，用之不勤"，第二十五章"周行而不殆，可以为天下母"；

又参《说文》"三，天地人之道也"，《礼记·礼运》"故人者，其天地之德，阴阳之交，鬼神之会，五行之秀气也"，《释名》"人，仁也；仁，生物也"，《周易·系辞上》"易有太极，是生两仪，两仪生四象，四象生八卦（万象）"。

④ **负**：负载，背靠，背对。

⑤ **抱**：抱守，承载，朝向。

⑥ **冲气**：虚无的功用，中和之气，均指促使高下、强弱、动静等对立事物和谐运行的原动力，代指阴阳五行之气互相生克运化。楚简本此章缺失，帛书甲本为"中（冲）气"，帛书乙本此句缺失，其他本多为"冲气"，释义相同。"冲"可辅参第四章注释。"气"古作"炁"，参《集韵》"炁，同气"，《关尹子·六匕》"以一炁生万物"，《礼记·月令》"天气下降，地气上腾"。

⑦ **和**：生成，和谐共生。

⑧ **损**：减少。

⑨ **益**：增加，增多。

⑩ **强梁**：强求引导他人。参前后章句逻辑及《说文》"梁，水桥（引导、行度）也"。

⑪ **不得其死**：难以得到好的结果。

⑫ **教父**：教导的宗旨或榜样。帛书甲本为"学父"，帛书乙本此处缺失，其他本多为"教父"，释义相同。

*本章注释可同参第十章"载营魄抱一……"，第十四章"此三者不可致诘，故混而为一……"，第二十二章"是以圣人抱一，为天下式……"，第三十九章"昔之得一者……"。

译文

道生无极，无极生阴阳两仪，阴阳两仪生天地人三才，天地人三才生万物。万物负载于阴而抱守于阳，并由五行之气生克运化而生成。人们所厌恶的，无非是孤、寡与不穀，而王公却用来称呼自己。所以万物或是因为少反而增多，或是因为多反而减少。别人所教导的，我也用来教导。强求去引导就不会得到好的结果，我将以此作为教导的宗旨。

第五篇 至德

第四十三章　不言之教

导读

上一章重点阐释了道生万物的规律，万物"负阴抱阳，冲气为和"的法则，事物的"损益之道"，以及教导他人时不可强求。本章将进一步重点阐释：至柔与虚无的妙用，得益于无为之道的运用；无为之道的运用，得益于自然无言的教导。

原文

天下之至①柔②，驰骋③天下之至坚④。无有⑤入于无间⑥，吾是以知无为之有益⑦。不言之教，无为之益⑧，天下希⑨及之。

字词注释

① **至**：最。
② **柔**：柔弱，谦柔。
③ **驰骋**：驾驭。
④ **坚**：坚固。
⑤ **无有**：没有形体，没有形状。
⑥ **无间**：没有间隙。
⑦ **益**：好处，有利。
⑧ **希**：很少，稀少。
⑨ **及**：赶得上，达得到。

译文

　　天下最柔弱的，能驾驭天下最坚固的。没有形体的能穿入没有间隙的，我以此知道顺应自然无为处世的有益之处。行不言之教执掌天下，得无为而治的执政成效，天下很少有人能做到。

第四十四章　知足知止

导读

上一章重点阐释了至柔与虚无的妙用得益于无为之道的运用，无为之道的运用得益于自然无言的教导。本章将进一步重点阐释："名与身""身与货""得到与失去"等轻重利害关系；"甚爱"与"多藏"所导致的后果；"知足"与"适可而止"带来的益处。

原文

名与身孰①亲②？身与货孰多③？得与亡④孰病⑤？甚爱⑥必大费⑦，多藏⑧必厚亡⑨。知足⑩不辱⑪，知止不殆⑫，可以长久。

字词注释

① **孰**：疑问代词，指哪个。
② **亲**：近于本我。
③ **多**：重要，分量重。
④ **亡**：失去，丢失。
⑤ **病**：祸害，损害。
⑥ **甚爱**：过分爱惜。
⑦ **大费**：巨大的损耗、损失。
⑧ **多藏**：过分蓄藏。
⑨ **厚亡**：大的损失，丢失很多。
⑩ **知足**：对已经得到的觉得满足。
⑪ **不辱**：不受辱。其中的"辱"还有损害、耻辱等含义。

⑫ **不殆：**不会有危险,不会有懈怠。

译文

名分与身家性命哪个亲?身家性命与财物哪个重?得到与失去哪个有害?过于爱惜导致大的耗费,过分蓄藏导致大的损失。懂得知足就不会自取其辱,懂得适可而止就会远离危难,这样才可以长久。

第四十五章　清静为正

导读

上一章重点阐释了"名与身""身与货""得到与失去"等轻重利害关系,"甚爱"与"多藏"所导致的后果,"知足"与"适可而止"带来的益处。本章将进一步重点阐释:通晓"大成""大盈""大直""大巧"的"大赢"之道;制胜懈怠与躁动妄行的法则;通达"清静为天下正"的道理。

原文

大成①若②缺,其用③不弊④。大盈⑤若冲⑥,其用不穷。大直⑦若屈⑧,大巧⑨若拙⑩,大赢若绌⑪。躁⑫胜寒⑬,静胜热⑭,清静⑮为天下正⑯。

字词注释*

① **大成**:最大的成就。
② **若**:好像是,像似。
③ **用**:作用,功用。
④ **弊**:衰竭。
⑤ **大盈**:最大的收获,最大的盈满。
⑥ **冲**:虚无,空虚。详见第四章注释。
⑦ **大直**:无上的捷径。
⑧ **屈**:弯曲。
⑨ **大巧**:真正的巧妙。
⑩ **拙**:笨拙。
⑪ **绌(chù)**:不足,缺少。

⑫ **躁**：践行，行动。

⑬ **寒**：借指凝滞、寒霜。楚简本为"沧"（cāng，同"沧"），帛书甲、乙本及其他本多为"寒"，释义相同。参《说文》"沧，寒也""沧，寒也"。

⑭ **热**：借指躁动。帛书甲本为"炅"（jiǒng），其他本多见"热"，释义相同。参《说文》"炅，见也。从火、日"。

⑮ **清静**：清行静待，指处事清晏无有缭乱，宁静致远洞悉本源。参《清静经》"天清地浊，天动地静"。

⑯ **正**：详见第二十二章注释。

＊各版的本章句字词差别较多，但其章旨同理。

译文

最大的成就好似欠缺，但其作用不会衰竭；最大的盈满好似虚无，但其作用不会穷尽。至上的捷径好似弯曲，真正的智巧好似笨拙，最大的盈余好似亏损。践行胜过于凝滞，宁静致远胜过于躁动，清静是天下至正之道。

第六篇　善德

唯有善行天下可贵的自然之德
方能厚含光而不耀的上善之德

第四十六章　知足之足

导读

上一章重点阐释了通晓"大成""大盈""大直""大巧"的"大赢"之道，制胜懈怠与躁动妄行的法则，通达"清静为天下正"的道理。本章将进一步重点阐释：天下皆遵道而行及背道而行的现象；最大的"罪""祸""咎"是什么；"常足"的法则。

原文

天下①有道，却②走马③以粪④；天下无道，戎马⑤生于郊⑥。罪莫大于可欲，祸⑦莫大于不知足⑧，咎⑨莫大于欲得⑩。故知足之足，常⑪足⑫矣。

字词注释

① **天下**：普天之下，万事万物，宇宙，世界。

② **却**：退。

③ **走马**：本义为善跑的马，此处指"战马"。

④ **粪**：施肥，耕种。

⑤ **戎马**：战马。

⑥ **郊**：上古时，将国都外百里以内的地区称为"郊"。此处引申指"战场"。

⑦ **祸**：灾难，灾祸。

⑧ **知足**：对已经得到的觉得满足。

⑨ **咎**：过错。

⑩ **欲得**：欲求贪得。

⑪ **常**：永恒，长久。
⑫ **足**：足够，满足。

译文

天下有道时，退回战马用来耕种；天下无道时，战马生长于战场。最大的罪恶莫过于引发欲念，最大的灾祸莫过于不懂得知足，最大的过错莫过于欲求贪得。所以，懂得知足就足够了，这样才能长久满足。

第四十七章　不为而成

导读

上一章重点阐释了天下皆遵道而行和背道而行的现象，最大的"罪""祸""咎"各是什么，以及"常足"的法则。本章将进一步重点阐释：圣人是以"不行而知，不见而明，不为而成"的方式，"知天下""见天道"的。

原文

不出户①，以知天下；不窥②牖③，以见天道。其出④弥⑤远，其知⑥弥少。是以圣人⑦不行⑧而知，不见而明⑨，不为⑩而成。

字词注释

① 户：家门。

② 窥：观察。

③ 牖：窗户。

④ 出：出离清静无欲的内心。一作出行游历，增广见闻。

⑤ 弥：越，很，更加。

⑥ 知：对"大道"的知晓、参悟。

⑦ 圣人：尊道贵德有大智慧之人，处世高明有道之人，最高境界之人。

⑧ 不行：不出行。

⑨ 明：了解，懂得。

⑩ 不为：无为，不妄为，不用去做。

译文

无须走出家门，即可推知天下的大势；不必透过窗子观察天象，即可领悟天道变化的法则。出离清静无欲的内心越远，学习世俗的政教礼法和技能奇巧越多，对大道的知晓就越少。故而，圣人足不出户也知晓天下事，不观望天象也能推断吉凶，不刻意行事也能有所成就。

第四十八章　为道日损

导读

上一章重点阐释了圣人以"不行而知，不见而明，不为而成"的方式，"知天下""见天道"。本章将进一步重点阐释："为学日益，为道日损"的规律；"取天下常以无事"的准则。

原文

为学①日益②，为道③日损④。损之又损，以至于无为，无为而无不为。取⑤天下常以无事⑥，及其有事⑦，不足⑧以取天下。

字词注释

① **为学**：追求钻研学问。
② **益**：增加。
③ **为道**：遵循大道自然规律。
④ **损**：减少。
⑤ **取**：博取，赢取，取得。
⑥ **无事**：没有事端，安宁无事。
⑦ **有事**：产生事端，总有变故。
⑧ **不足**：不够，不能。

译文

追求学问，欲望、杂念会随知识增长日益增加；遵循大道，欲望和杂念会日益减少。那些扰乱身心的俗事、俗念减少又减少，立身处世就能达到顺应大道，不主观妄为的"无为"境界，能做到无为，就没有什么事是不能成就的。治理天下，只能清净无欲，无妄无为；若有欲有为，是不能把天下治理好的。

第四十九章　圣人之心

导读

上一章重点阐释了"为学日益，为道日损"的规律和"取天下常以无事"的准则。本章将进一步重点阐释：何为"圣人之心"；如何做到"德善"与"德信"。

原文

圣人①常②无心③，以百姓心为心。善④者吾善之，不善者吾亦善之，德⑤善。信⑥者吾信之，不信者吾亦信之，德信。圣人在天下歙歙⑦，为⑧天下浑⑨其心。百姓皆注⑩其耳目，圣人皆孩⑪之。

字词注释

① **圣人**：尊道贵德有大智慧之人，处世高明有道之人，最高境界之人。
② **常**：一作"恒"。
③ **心**：私心，分别心，成见。
④ **善**：善行，慈举，擅长，妥当，良好。
⑤ **德**：此处指遵行、奉行、秉持、得到。
⑥ **信**：诚信、信实，信用。
⑦ **歙歙**（xī）：和谐融洽，谨慎收敛。
⑧ **为**：为了，将。
⑨ **浑**：融入，用。
⑩ **注**：注视，关注。
⑪ **孩**：婴孩般的质朴纯真。

译文

　　圣人永恒没有私心，以百姓的心为自心。善行之人我善待，不善之人我也善待，这就是德善。诚信之人我诚待，无信之人我也诚待，这就是德信。圣人行于天下，既谨慎又融洽啊，为天下清宁而用其心。百姓都关注从圣人那里听到的和看到的，圣人使人们呈现婴孩般的自然淳朴。

第五十章　善摄生者

导读

上一章重点阐释了何为"圣人之心"，如何做到"德善"与"德信"。本章将进一步重点阐释：老子总结的四种寿数；养生长寿的至高境界——"无死地"。

原文

出生入死①。生之徒②，十有三③；死之徒④，十有三；人之生，动⑤之死地，亦十有三，夫何故？以其生生之厚⑥。盖闻⑦善摄生者⑧：陆行⑨不遇兕虎⑩，入军不被甲兵⑪。兕无所投其角，虎无所措其爪，兵无所容其刃。夫何故？以其无死地⑫。

字词注释

① **出生入死**：由生到死。

② **生之徒**：正常寿数的。"徒"指同类型者。

③ **十有三**：十分之三。

④ **死之徒**：自然短命的。

⑤ **动**：自行，妄动。

⑥ **生生之厚**：奉养自己过多，过厚。

⑦ **盖闻**：曾经听说。

⑧ **善摄（shè）生者**：善于持守生存（养生）之道的人。楚简本此章缺失，帛书本皆是"善执生者"，"执生"与"摄生"在这里释义相同。

⑨ **陆行**：在陆地上行走。

116

⑩ **兕（sì）虎：** 犀牛虎豹，泛指猛兽。
⑪ **甲兵：** 铠甲兵器，泛指武器装备。
⑫ **无死地：** 不会面临或陷入危及性命的险境。

译文

  世人在由生到死的过程中，正常寿数的有十分之三；短命的有十分之三；本可活正常寿数却因妄动而提前丧命的，也有十分之三。为什么会提前丧命呢？因为这些人奉养自己过多，过厚。据说善于持守生存（养生）之道者，行走时不会被犀牛虎豹攻击，在战争中不会被武器所伤；犀牛对他们不会用角刺，老虎对他们不会挥爪，军士对他们不会刀锋相向。为什么会这样呢？因为他们（修得大道，能与天地万物和谐友好，无敌，就不会陷入致命的险境）无死地。

第五十一章　尊道贵德

导读

上一章重点阐释了本章将进一步重点阐释了老子总结的四种寿数和养生长寿的至高境界——"无死地"。本章将进一步重点阐释：万物"莫不尊道而贵德"的自然规律；"玄德"的作用和特质。

原文

道生①之，德畜②之，物③形④之，势⑤成之。是以万物莫不尊⑥道而贵⑦德。道之尊，德之贵，夫莫之命⑧而常自然。故道生之，德畜之，长之，育之，亭⑨之，毒⑩之，养之，覆之。生而不有，为而不恃，长而不宰⑪，是谓玄德⑫。

字词注释

① **生**：生于，存在于。
② **畜**：畜养。
③ **物**：万物。
④ **形**：形状，形态。
⑤ **势**：自然界的现象。
⑥ **尊**：尊崇。
⑦ **贵**：珍惜。
⑧ **夫莫之命**：不要加以人为的干涉或命令。
⑨ **亭**：调节，调和。参《淮南子・卷一・原道训》"味者，甘立而五味亭矣"。

⑩ **毒**：治理。参《周易·师卦》"以此毒天下，而民从之"。

⑪ **不宰**：不为主宰。

⑫ **玄德**：自然无为之德。"玄"详见本书第一章注释，"德"详见本书《体会道德之义·通达幸福人生》。

译文

道存在于万物之中，德畜养万物，使其呈现各自的形态，以此成就了万事万物。所以，万物没有不遵循道且传承德的。道为尊，德为贵，这不是人为的指令而是永恒的自然规律。所以，道存在于万物之中，德畜养万物，助长万物，抚育万物，调节万物，治理万物，繁殖万物，庇护万物。生养万物而不占为己有，抚育万物而不自恃有功，引导万物而不主宰制约，这就是自然无为的玄德。

第五十二章　复归其明

导读

上一章重点阐释了万物"莫不尊道而贵德"的自然规律，以及"玄德"的作用和特质。本章将进一步重点阐释："天下有始，以为天下母"等自然规律；"塞其兑，闭其门"等修身养性且高明处世之法；"见小曰明，守柔曰强"等承袭永恒之道的准则。

原文*

天下有始①，以为天下母②。既得其母，以知其子③。既知其子，复④守⑤其母，没身不殆⑥。塞⑦其兑⑧，闭⑨其门⑩，终身不堇⑪。开其兑，济⑫其事，终身不救。见小⑬曰明⑭，守柔⑮曰强。用其光⑯，复归其明⑰，无遗⑱身殃⑲，是谓袭常⑳。

*本章各版字词句有一定差别，但基本章旨同理。详见本章解析与本书相关附文。

字词注释*

① **始**：始源，本始，本源。
② **母**：母亲，根源，母属。
③ **子**：孩子，指万物。
④ **复**：周而复始的秉持。参《说文》"复，行故道也"。
⑤ **守**：安守，持守于。
⑥ **殆**：危难。
⑦ **塞**：堵塞，安守，持守。

⑧ 兑：信息交接的通道，也指口及其他感知器官。

⑨ 闭：关闭。

⑩ 门：此处借指杂念的门径、途径，也指心念、欲念。

⑪ 堇：各版本释义不同。一说读 jǐn，堇菜，其味苦，此处喻指"愁苦"；一说读 qín，本义为黏土，此处通"勤"，借指"辛劳"；一说通"瘽"（qín），此处借指"大病，毛病"；另说借指"少，缺少""过错，过失"等。上述各释义均可反映本章句意旨。本书按"病"释。

⑫ 济：成就，成功。参《礼记·乐记》"事蚤济也"。

⑬ 小：细微，微妙。

⑭ 明：此处指明悟。

⑮ 柔：雌柔，谦柔，柔弱。

⑯ 光：明照人生的道理。

⑰ 明：此处指虚明（清虚淳朴）。

⑱ 无遗：一点不留。

⑲ 殃：祸患，过咎。

⑳ 袭常：承袭永恒之道。

* 本章注释可同参《鬼谷子·捭阖》"口者，心之门户也；心者，神之主也"。

译文

天地有起始源头，这始源便是天地万事万物之母。既然参悟了天地万物之母——"道"，就会明白万事万物都是"道"之子。明白了万事万物都是"道"之子，就要执守道母，才能终身不危险，不衰败。坚守道母，堵塞接受各种偏见的通道，关闭纵容各种可欲的门径，终身都不会生出弊病。背离道母，开启接受各种偏见的通道，放纵自己成就各种可欲，终身都得不到母道的救助。能够洞察到细微之处的道，叫作"明"。能够持守柔弱，叫作"强"。运用大道明照人生的道理，反照内在，让心中的大道秉持本始的清虚淳朴，就不会带来祸患，这就叫作"承袭永恒之道"。

第五十三章　大道甚夷

导读

上一章重点阐释了"天下有始，以为天下母"等自然规律，"塞其兑，闭其门"等修身养性且高明处世之法，"见小曰明，守柔曰强"等承袭永恒之道的准则。本章将进一步重点阐释："行于大道，唯迤是畏"，为什么世间"大道甚夷，而民好径"；导致这种背道而行的世相的罪魁祸首。

原文

使我絜①有知，行于大道，唯迤②是畏。大道甚夷③，而民④好径⑤。朝⑥甚除⑦，田⑧甚芜⑨，仓⑩甚虚；服⑪文采⑫，带利剑，厌⑬饮食，财货有余。是谓盗竽⑭。非道也哉！

字词注释

① 絜（xié）：本义为用绳子度量长度，此处为考量，测度（duó）。《大学》"絜（xié）矩之道"中的"絜"即为本义；《管子·幼官》"六举而絜知事变，七举而外内为用"中的"絜知"即测度（duó）而知、推测而知、考量而知，把"絜（xié）"的含义延伸为"推测""测度""考量"。帛书甲本写作"摞"，帛书乙本、王弼本为"介"，有的版本为"介然"。

② 迤（yǐ）：斜向延伸，此处喻指"邪路"。各版本此字另作"施""他""迆"，均可译作"邪路"。

③ 夷：平坦。参《说文》"夷，平也"。

④ 民：民众，百姓。此处偏指朝廷统治者以及富豪权贵。

⑤ 径：不可行车的小道，大多狭窄不平直而近捷。参《说文》"径，步

道也"。

⑥ 朝：朝廷，官府。

⑦ 除："塗"（tú）的假借字，现简化作"涂"，本义为污泥。此处引申为动词"污染""玷污"或形容词"污浊"。参《庄子·让王篇》"周以涂吾身也，不如避之以洁吾行"。又参《韩非子·解老篇》"'朝甚除'也者，狱讼繁也。狱讼繁则田荒，田荒则府库虚"。

⑧ 田：农田，耕地。

⑨ 芜：荒芜。

⑩ 仓：仓廪。

⑪ 服：穿着，衣着。

⑫ 文采：服饰之有花色者，此处指用有花色的绸帛缝制的华服。"采"同"彩"。

⑬ 厌：满足。

⑭ 盗竽（yú）：盗魁。参《韩非子·解老》"大奸作则小盗随，大奸唱则小盗和。竽也者，五声之长者也，故竽先则钟瑟皆随，竽唱则诸乐皆和。今大奸作则俗之民唱，俗之民唱则小盗必和，故服文采，带利剑，厌饮食，而货资有余者，是之谓盗竽矣"；《表异录·刑法》"盗竽，言盗之倡也。竽者，五音之长"。又作"盗夸"。

译文

让我思量一下就知道，应当行走在大道上，就怕走上邪路。大道都是很平坦的，可那些权贵却喜欢走狭窄不平的小路。朝廷太污浊太腐败，大量的田地荒芜，国家储备钱粮物资的仓廪空虚。权贵们穿着华丽的衣服，佩带锋利的宝剑，满足于美味奢侈的饮食，大量囤积个人财物。这些人是盗贼的魁首，他们的所作所为是不合道的。

第五十四章　善行天下

导读

上一章重点阐释了"行于大道，唯迤是畏"，为什么"大道甚夷，而民好径"，以及导致这种背道而行的世相的罪魁祸首。本章将进一步重点阐释："善建者""善抱者"的结果与标准；不同层次的修身行为的价值和意义；"以身观身，以家观家……"的认识论。

原文

善建①者不拔②，善抱③者不脱④，子孙以祭祀不辍⑤。修⑥之于身，其德⑦乃⑧真⑨；修之于家，其德乃余⑩；修之于乡，其德乃长⑪；修之于国，其德乃丰⑫；修之于天下，其德乃普⑬。故以身观⑭身，以家观家，以乡观乡，以国观国，以天下观天下。吾何以知天下之然哉？以此。

字词注释

① **善建**：善于遵道而行，践行大道。参《说文》"建，立朝律也"。
② **不拔**：不会拔除，不可动摇。
③ **抱**：抱道守一。楚简本为"保"，指持守保持，与"抱"释义相同；帛书本此章句皆缺失；其他本多见"抱"。
④ **不脱**：不会脱离。
⑤ **不辍**：不断，不绝。
⑥ **修**：修为，修持，修正。
⑦ **德**：用心遵道而行，善举德行，因修为持正而得到的。
⑧ **乃**：本章出现的"乃"皆指"是"。

⑨ **真**：至真。

⑩ **余**：有余，富余。

⑪ **长**：长久。

⑫ **丰**：丰足。

⑬ **普**：普照，普广。

⑭ **观**：洞观，了解。

译文

善于遵道而行的不会动摇，善于抱道守一的不会脱离，子孙后人因此祭祀不绝。修为自身，其德为真；修为于家庭，其德有余；修为于家乡，其德长久；修为于国，其德丰足；修为于天下，其德普照。因此，以一个人的修为就可以了解这个人，以一个家庭的修为就可以了解这个家庭，以一个乡的修为就可以了解这个乡，以一个国的修为就可以了解这个国，以天下的现象就可以了解天下。我是怎么知道天下这些法则的呢？就是以此推断的。

第七篇　厚德

唯有厚含光而不耀的上善之德
方能广行慈俭不先的玄同之德

第五十五章　含德之厚

导读

上一章重点阐释了"善建者""善抱者"的结果与标准，不同层次的修身行为的价值和意义，"以身观身，以家观家……"的认知论。本章将进一步重点阐释：怀藏厚德之人"至精""至和"的奇妙状态；"知和""知常""益生""心使气"的利弊。

原文

含德之厚①，比于赤子②。毒虫不螫③，猛兽不据④，攫鸟⑤不搏⑥，骨弱筋柔而握固⑦，未知牝牡⑧之合而朘作⑨，精⑩之至也；终日号⑪而不嗄⑫，和⑬之至也。知和曰常⑭，知常曰明⑮，益生⑯曰祥⑰，心使气⑱曰强⑲。物壮则老，谓之不道，不道早已⑳。

字词注释*

① **含德之厚**：怀藏厚德者，厚德之人。
② **赤子**：刚出生的婴儿，借指淳朴至真。
③ **螫（shì）**：同"蜇"（zhē）。也指咬，刺。
④ **据**：用兽爪捕捉，伤害。
⑤ **攫（jué）鸟**：凶猛的鸟，如鹰、雕之类。
⑥ **搏**：扑上去抓。
⑦ **握固**：道教推崇的一种养生方法。参《道枢·众妙篇》"握固以调其元气。握固者何也？吾以左右拇掐其三指之文，或以四指总握其拇，用左右手以柱乎腰腹之间者也"。

⑧ **牝（pìn）牡（mǔ）**：与阴阳有关的雌雄、男女等。

⑨ **朘（zuī）作**：宗筋挺起。楚简本为"然怒"，帛书甲本此句词缺失，帛书乙本为"朘怒"，河上公与综合本等为"朘作"，王弼本为"全作"，诸词释义相同。

⑩ **精**：精气。

⑪ **号（háo）**：大声号哭。

⑫ **不嗄（shà）**：不嘶哑，不沙哑。

⑬ **和**：元气盈和。

⑭ **常**：永恒，恒久，长久。

⑮ **明**：明达，对世理有明确透彻的认识。

⑯ **益**：同"溢"，借指增益之事越来越多。

⑰ **祥**：有关吉凶的征兆。本文借指灾祸等不祥。

⑱ **心使气**：对比固守先天的元气而言，指使用后天的身心气力。

⑲ **强**：逞强，强壮。

⑳ **早已**：提早衰亡。

＊本章注释可同参《吕氏春秋·不苟论·博志》"全则必缺，极则必反"，《鹖冠子·环流》"物极则反，命曰环流"，《管子·重令》"天道之数，至则反，盛则衰"，《史记·田叔列传》"夫月满则亏，物盛则衰，天地之常也"。

译文

怀藏厚德者，就像婴儿般淳朴至真。毒虫不会蜇他，猛兽不会伤他，凶鸟不会啄他，筋骨柔弱却能握固，虽不知交合之事却能宗筋挺起，这是精气充足所至；虽终日号哭但嗓音不会沙哑，这是固守元气所至。知道固守元气就是固守永恒，知道固守永恒才是明达。增益过多容易引发不祥，一味地使用身心气力就是逞强。事物强壮就会衰老，这是没有遵道而行，不遵道而行就会提早衰亡。

第五十六章　玄同之贵

导读

上一章重点阐释了怀藏厚德之人"至精""至和"的奇妙状态,"知和""知常""益生""心使气"的利弊。本章将进一步重点阐释:怀藏厚德之人"知者不言,言者不知"的"玄同"之道及其践行原则。

原文

知①者不言,言②者不知。塞其兑,闭其门,挫③其锐④,解⑤其纷⑥,和⑦其光⑧,同⑨其尘⑩,是谓玄同⑪。故不可得而亲⑫,不可得而疏⑬;不可得而利⑭,不可得而害⑮;不可得而贵⑯,不可得而贱⑰。故为天下贵⑱。

字词注释*

① **知**:知"道"。

② **言**:说。

③ **挫**:透过。

④ **锐**:表象,外在。

⑤ **解**:区分。参《说文》"解,判也"。

⑥ **纷**:纷乱,繁杂。借指纷杂的有形事物中,蕴藏着无形的本源本始。

⑦ **和**:融入,通达。参《说文》"和,相应也"。

⑧ **光**:道理,照耀人生的智慧之光。

⑨ **同**:和会,与共。

⑩ **尘**:世尘,世间,有形的万事万物。《庄子·齐物论》"无谓有谓,有谓无谓,而游乎尘垢之外"。

⑪ **玄同**：同于道的幽明致远，与道合一（天人合一）。"玄"详见第一章注释。

⑫ **亲**：亲近。

⑬ **疏**：疏远。

⑭ **利**：有利于。

⑮ **害**：有害于。

⑯ **贵**：尊崇，娇贵。

⑰ **贱**：轻视，轻贱。

⑱ **天下贵**：天下最难能可贵的处世之道。

*"挫其锐，解其纷，和其光，同其尘"可同参第四章注释。

译文

懂得的人不说，说的人不懂得。安守内外信息交接的通道，关闭滋生欲念的门径，透过万物的外在，区分外在与本源，和于本源的清虚淳朴，秉持清虚淳朴而同处世尘，这就叫作"玄同"，即与道合一的处世准则。因此，不可因得道而亲近什么，不可因得道而疏远什么；不可因得道而使什么获利，不可因得道而使什么受害；不可因得道而尊崇什么，不可因得道而轻视什么。能够做好这些，是天下最难能可贵的。

第五十七章　以正治国

导读

上一章重点阐释了怀藏厚德之人"知者不言，言者不知"的"玄同"之道及其践行原则。本章将进一步重点阐释：怀藏厚德之人治国、用兵、取天下的不同准则；为何应"以正治国"；以"无为而治"为基本政治原则能取得怎样的政治效果。

原文

以正①治国，以奇②用兵，以无事③取④天下。吾何以知其然⑤哉？以此：天下多忌讳⑥，而民弥⑦畔⑧；民多利器⑨，国家滋⑩昏⑪；人多伎巧⑫，奇物⑬滋起；法物⑭滋彰⑮，盗贼多有。故圣人云："我无为而民自化⑯，我好静⑰而民自正⑱，我无事⑲而民自富，我无欲而民自朴。"

字词注释*

① **正**：公正。详见第二十二章注释。
② **奇**：出奇制胜。
③ **无事**：无为，不多事。
④ **取**：博取。
⑤ **然**：指示代词，指这些事情、这些道理、这个准则。
⑥ **忌讳**：禁忌，禁令。
⑦ **弥**（mí）：越发。
⑧ **畔**：通"叛"，违抗。

⑨ **利器**：人为设置的礼制、规则、方法、技巧等。参《庄子·外篇·胠箧》"彼圣人者，天下之利器也，非所以明天下也"。又作"锋利的武器""利己之器""权力"，皆不违本章句要义。

⑩ **滋**：愈加，更加。参《左传·昭公三年》"庶民罢敝，而宫室滋侈"。

⑪ **昏**：本义为天刚黑、傍晚，引申为社会混乱。

⑫ **伎巧**：奇技淫巧。

⑬ **奇物**：不合乎道的事物。

⑭ **法物**：珍贵、精巧、稀少之物。参第三章"不贵难得之货，使民不为盗"。

⑮ **彰**：彰显。

⑯ **自化**：自我育化。

⑰ **静**：安静无扰。

⑱ **正**：安定守正。详见第二十二章注释。

⑲ **无事**：不随意兴办超出民力的事，减少对百姓劳动成果的占有。参河上公注"我无徭役之事，民安其业，故皆自富"。

＊本章注释可同参《论语·为政》"道之以政，齐之以刑，民免而无耻；道之以德，齐之以礼，有耻且格"。

译文

用公正治理国家，以出奇制胜用兵，以无为博取天下。我是怎么知道这些准则的呢？依据如下：天下的禁忌越多，国民就越是违抗。国民受人为设置的规则约束越多，国家越是混乱。人类掌握的奇技淫巧越多，世间不合乎道的事物就越多。珍稀的好物越是彰显，盗贼之行就会越多。因此，圣人说："我无为，人们自我育化；我好静不扰，人们自然安定守正；我无事，人们自然富足；我无欲，人们自然淳朴。"

第五十八章　光而不耀

导读

上一章重点阐释了怀藏厚德之人治国、用兵、取天下的不同准则,为何应"以正治国",以"无为而治"为基本政治原则能取得怎样的政治效果。本章将进一步重点阐释:治国安邦的自然规律;福祸相依、正复为奇、善复为妖的客观规律及圣人对此的处世之道。

原文*

其政①闷闷②,其民淳淳③;其政察察④,其国夬夬⑤。祸兮福之所倚⑥,福兮祸之所伏⑦。孰⑧知其极⑨?其无正⑩也。正复为奇⑪,善⑫复为妖⑬。人之迷⑭,其日固久⑮。是以圣人方⑯而不割⑰,廉⑱而不刿⑲,直而不肆,光而不耀。

*各版本字词有一定差异,但基本章旨同理。详见本章解析与本书相关附文。

字词注释

① 政:旧时的政策、法度、规制。
② 闷闷:本义为昏沉不清爽,此处同第五十六章的"玄同"、第五十七章的"无为""好静""无事""无欲",即无为无欲,宽厚宽松。
③ 淳淳:淳朴憨厚。一作"惇惇"(dūn)。
④ 察察:本义为清明、洁净,此处指苛刻细致,一丝不苟。
⑤ 夬夬(guài):坚决,果断。参《雨中寄孟刑部几道联句》"何以验高明,柔中有刚夬"。一说为"狯狯"的通假字,指狡黠。本书依前者,引申

为针锋相对。

⑥ **倚**：依靠，依赖。

⑦ **伏**：潜藏。

⑧ **孰**：疑问代词。指谁。

⑨ **极**：边界，尽头。参《诗经·唐风·鸨羽》"悠悠苍天，曷其有极？"。

⑩ **正**："以正治国"的"正"。此处"其无正也"，指不存在绝对的、单纯的"正"。

⑪ **奇**："以奇用兵"的"奇"，与"正"相对。

⑫ **善**：善良。

⑬ **妖**：妖祥，不善的。

⑭ **迷**：迷惑不解。

⑮ **固久**：已经很久。

⑯ **方**：此处指品行方正。

⑰ **割**：此处指用方正的棱角伤人。

⑱ **廉**：遵道守正而行，不往邪径。也指俭朴清廉、是非分明、坚守气节。

⑲ **刿**（guì）：刺伤，割伤。

译文

政令越是宽松无为，民众就越是淳朴憨厚；政令越是苛刻细致，一丝不苟，民众就越是针锋相对，坚决抗争。祸中带着福啊，福中藏着祸啊，谁能知道福与祸的边界呢？没有绝对的、一成不变的、单纯的"正"。"正"会反过来变成"奇"，"善"会反过来变成"妖祥"（"不善"）。世人对诸如祸福、正奇、善妖等事物的相互依存、相互转换迷惑不解由来已久。所以，圣人抱守原则，但不损坏什么；是非分明，言行守正，但不伤害什么；真诚坦率，但不肆意妄为什么；明悟通达，光明磊落，但不彰显或炫耀什么。

第七篇　厚德

第五十九章　积功累德

导读

上一章重点阐释了治国安邦的自然规律，福祸相依、正复为奇、善复为妖的客观规律及圣人对此的处世之道。本章将进一步阐释："治人事天"的根本原则——啬。

原文

治①人②事③天④，莫若⑤啬⑥。夫唯啬，是谓早服⑦。早服，谓之重⑧积德⑨。重积德则无不克⑩，无不克则莫知其极⑪；莫知其极，可以有国；有国之母⑫，可以长久。是谓深根固柢⑬、长生久视⑭之道。

字词注释

① 治：治理。
② 人：民众、世人，百姓。
③ 事：实践，践行。参《论语·颜回》"回虽不敏，请事斯语矣"。
④ 天：天道。
⑤ 莫若：莫过于，没有比……更……的了。
⑥ 啬：本义为把粮食收入仓库，引申为收敛、有余而不尽用、节省等。
⑦ 服：遵道处事，顺应自然。
⑧ 重：深厚，多加。
⑨ 积德：积功累德。
⑩ 克：克胜，将事情做好，治理好。
⑪ 极：极限，极点。

⑫ **母**：根源，基础，此处指"道"。
⑬ **深根固柢**：根基牢固不可撼动，根深蒂固。
⑭ **长生久视**：永恒长存，生命长存。"视"，生存，活着。

译文

治理民众、实践天道，没有比"收敛、有余而不尽用"更好的方式了。只有收敛、有余而不尽用，才可以尽早顺应天道。尽早顺应天道，可称为积德深厚。积德深厚，就无所不能，无所不胜；无所不胜，则没有人能知其极限；其极限不为人所知，则可以统治国家。有了能使国家长治久安之道，国家就可以长久存在。这就是根基牢固、长盛不衰的策略和路径。

第六十章　德交归焉

导读

上一章重点阐释了"治人事天"的根本原则——啬。本章将进一步重点阐释：治理大的国邦应如同烹制小鱼，不可任意搅扰。

原文

治大国若烹小鲜①。以道莅②天下，其鬼③不神④。非其鬼不神，其神不伤人。非其神不伤人，圣人亦⑤不伤人。夫⑥两不相伤⑦，故德交归⑧焉！

字词注释

① 烹小鲜：烹制小鱼时，不可任意搅捣。参《集韵》"烹，煮也"，《说文》"鲜，鱼名，出貊国"。又参蒋锡昌《老子校》"夫烹小鱼者，不可扰，扰之则鱼碎；治大国者，当无为，为之则民伤。故云'治大国若烹小鲜'也"。

② 莅：君临。

③ 鬼：鬼怪，借指世间的恶人或小人。

④ 神：神通，借指出奇的手段或本领。

⑤ 亦：也，表示同样。

⑥ 夫：发语词，表提示作用。

⑦ 两不相伤：鬼怪（恶人或小人）和圣人都不伤害世人。

⑧ 德交归：德行汇集就会归于国民，让国民享受德的恩泽。参《韩非子·解老》"德上下交盛，而俱归于民也"。

译文

　　治理大的国邦如同烹制小鱼（，不能随意翻动搅扰）。让"道"君临天下，即使有鬼怪也不能发挥其"神通"；不是鬼怪不能发挥其"神通"，而是即使它发挥"神通"也不能伤害世人；非但鬼怪的"神通"不伤害世人，圣人也不会伤害世人。于是，这两者都不伤害世人，其德交互和谐归于国邦，惠泽其国民。

第六十一章　邦交天下

导读

上一章重点阐释了治理大的国邦应如同烹制小鱼，不可任意搅扰。本章将进一步重点阐释：国邦之间，尤其是大国对小国，要以"谦逊处下"作为外交之道。

原文

大国者下流①，天下之牝②，天下之交。牝常以静胜③牡④，以静为下⑤。故大国以下小国，则取小国；小国以下大国，则取大国。故或下以取，或下而取。大国不过欲⑥兼畜人⑦，小国不过欲入事人⑧。夫各得其欲，则大者宜⑨为下。

字词注释

① **下流**：江河的下游，借指谦逊处下。
② **牝**：雌性的，多喻指雌柔。
③ **胜**：打胜仗，引申为制服。参《国语·晋语四》"尊明胜患，智也"。
④ **牡**：雄性的，多喻指雄强。
⑤ **下**：谦逊，处下，谦下。
⑥ **欲**：所愿的，想要的，目的。
⑦ **兼畜人**：大国以平和友善的态度对待小国，就像宽广的大海容纳百川，给予小国生存发展的空间与支持，携手并肩，共同成长进步。"兼"有广容纳之意，"畜"可理解为关怀养育，"人"指其他国家（主要是小国）及其人民。

⑧ **入事人**：小国带着真诚友善的心主动靠近大国，以温和谦逊的方式与大国互动往来，彼此尊重，互相帮助，营造良好的邦交关系。"入"是主动进入、融入，"事"为友好相处、相互协作，"人"代表大国。

⑨ **宜**：适合，适宜。

译文

大国应如江河下游那样以谦下、包容之态处世。雌性安静柔顺，却能制服妄动强硬的雄性，这是因为安静柔顺让其保持谦下之态的缘故。所以，大国对小国谦下忍让，就可以取得小国的信任和依赖，得小国归附；小国对大国谦下忍让，就可以见容于大国，得大国庇护。所以，要么是大国谦下吸引小国归附，要么是小邦国谦虚卑下为大国所容。大国不过期盼小国敬附相协，以成盛世；小国不过希望大国援庇相佑，得守太平。保全自己。若要大国小国顺利达成各自目的，则大国率先谦下为宜。

第六十二章　天下之贵

导读

上一章重点阐释了国邦之间，尤其是大国对小国，要以"谦逊处下"作为外交之道。本章将进一步重点阐释：道对于好人、恶人各有何价值；借"美言"与"尊行"说明人类的绝对价值；以上述两重价值为基础，论证道于立身治世的绝对重要性；道"为天下贵"的理由。

原文

道者万物之奥①，善人②之宝，不善人之所保③。美言④可以市⑤，尊行⑥可以加人⑦。人之不善，何弃之有？故立天子⑧，置三公⑨，虽有拱璧以先驷马⑩，不若⑪坐进⑫此道。古之所以贵此道者何？不曰求以得，有罪以免邪？故为天下贵。

字词注释*

①　奥：奥妙所在。楚简本本章缺失；帛书甲、乙本均为"注"，在此处有融会贯通之意，与"奥"释义相同；其他本多见"奥"。

②　善：善良的人。

③　保：养身的保障。

④　美言：美好的言辞，赞美。

⑤　市：本指集中进行交易的场所，在此指聚集各种人和物。参《易传·系辞下》"日中为市，致天下之民，聚天下之货"。一说释作"换取""说服"。

⑥　尊行：此处指法"道"、从"道"、自然、无为等。一说应作"美行"，

"尊"为对人的敬称，接"市"（"美言可以市尊，美行可以加人"《淮南子·道应篇》引》)。

⑦ **加**：增益。帛书本作"贺"，其他本多见"加"，"贺"亦"加"。又说应为"化"，教化，感化。

⑧ **天子**：帝王。

⑨ **三公**：太师、太傅、太保，辅佐天子行政。参《礼记·王制》"天子（置）三公……大国（置）三卿"，《周礼·天官冢宰》"宰夫之职，掌治朝之法，以正王及三公"，《前汉书·百官公卿表》"夏、殷亡闻焉，周官则备矣……太师、太傅、太保，是为三公"。

⑩ **拱璧以先驷马**：此处指古时的"朝聘"制度，即商周时代诸侯定期朝见天子，强化统治。参《礼记·王制》"诸侯之于天子也，比年一小聘，三年一大聘，五年一朝聘"；"比年"指每年，"小聘"指诸侯国出使大夫，"大聘"指出使卿，"朝"指国君亲出朝见天子。"拱璧"，大璧，参《说文》"璧，瑞玉，圆也"，象征祥瑞、团聚，诸侯持大璧朝天子以示忠心。"驷马"，古代车乘，一车套四马，诸侯乘坐，称"四驾"，天子乘"六驾"。"先驷马"，一说喻指极快；一说指朝聘仪式的出行顺序，礼物在前，国君车驾在后。总之，老子意在说明周朝制度如此兴师动众，隆重威严，却不如"坐进此道"。

⑪ **不若**：不如。

⑫ **坐进**：坐守进取。"坐"，守定，引申为不劳。

*本章可同参《中庸·第一章》"道也者，不可须臾离也。可离，非道也"。

译文

大道是万物的奥妙所在，善人的至宝，不善人的身保。美言可以聚集各种人和物，遵行天"道"可以增益人。因此，虽然有不善之人，怎么能够放弃呢？所以拥立天子，置设三公，与其奉行璧玉在前、国君四驾随后的朝聘大礼，不如坐守进取无为之道。古人为何看重这个"道"呢？不就是为了求有所得、罪过能得赦吗？所以，这个"道"才是天下最宝贵的。

第六十三章　犹难无难

导读

上一章重点阐释了道对于好人、恶人各有何价值，借"美言"与"尊行"说明人类的绝对价值，以上述两重价值为基础，论证道于立身治世的绝对重要性，道"为天下贵"的理由。本章将进一步重点阐释：万事皆可遵从无为、无事、无味的"大道之奥"而处；圣人将"图难于其易，为大于其细"作为处事准则，将"犹难无难"作为处事之道。

原文

为无为[①]，事无事[②]，味无味[③]。大小多少，报怨[④]以德[⑤]。图[⑥]难[⑦]于其易，为大于其细[⑧]。天下难事必作[⑨]于易，天下大事必作于细。是以圣人终不为大，故能成其大。夫轻诺[⑩]必寡信[⑪]，多易必多难。是以圣人犹难之，故终无难。

字词注释*

① **无为**：遵循自然的规律来处世。
② **无事**：没有事端，安宁无事。
③ **味无味**：以淡泊清静作为兴趣。
④ **怨**：是非恩怨。
⑤ **德**：遵道而行。
⑥ **图**：寻求处理。
⑦ **难**：困难，灾难。
⑧ **细**：细微，细小。

⑨ **作**：开始，起初。

⑩ **诺**：许诺，承诺，答应，同意。

⑪ **寡信**：失信，不重诚信。

＊本章注释可同参《尚书·周书·君牙》"思其艰以图其易"。

译文

遵从"无为"之道作为，以"不滋事"之道处事，以淡泊清净为兴味。无论大小或多少，对待是非恩怨的方式都可以遵道而行。解决难事要从其容易之处开始，成就大事要从细微之处开始。天下的难事都是起于容易之时的，天下的大事都是由细微之处构成的。所以，圣人始终不会自大，因此成就其伟大。轻言许诺的，必会失信；觉得万事皆易的，必陷于困难。因此，圣人对待轻易的事如同对待难事，所以始终无难。

第八篇　施德

只有施行慈俭不先的玄同之德
才能修得正己助人的大道之德

第六十四章　千里之行

导读

上一章重点阐释了万事皆可遵从无为、无事、无味的"大道之奥"而处，圣人将"图难于其易，为大于其细"作为处事准则，将"犹难无难"作为处事之道。本章将进一步重点阐释：世间万事在其初始、未形成气候时容易应对和处理，成就和治理它们要在其萌芽时入手；世间万事万物都是从"毫末""累土""足下"累积壮大的，自有其发展规律，欲速则不达；为何圣人总能成事而普通民众不易成事。

原文

其①安②易③持④，其未兆⑤易谋⑥，其脆⑦易判⑧，其微⑨易散⑩；为之于未有，治⑪之于未乱。合抱⑫之木⑬，生于毫末⑭；九层之台，起于累土⑮；千里之行，始于足下；为者败之，执者失之。是以圣人无为，故无败；无执，故无失。民之从事，常于几⑯成而败之。慎终如始，则无败事。是以圣人欲不欲，而不贵难得之货；学不学，而复⑰众人之所过；能辅⑱万物之自然⑲，而不敢为⑳。

字词注释*

① **其**：本文可指遵循"犹难无难"的处事准则。
② **安**：安稳，安宁。
③ **易**：容易，易于。
④ **持**：保持，维持，维系。
⑤ **未兆**：事有征兆之前。

⑥ **谋**：谋划，谋策。

⑦ **脆**：脆弱，借指事态早期。

⑧ **判（pàn）**：分解。楚简甲十四与综合本同为"判"；帛书甲、乙本此句词缺失；河上公本为"破"，指破解；王弼本为"泮"，指化解；均与"判"释义相同。

⑨ **微**：微小，轻微、少许。楚简甲十四为"几"，指少许轻微；帛书甲乙本此处句词缺失；其他本多见"微"。

⑩ **散**：解决。

⑪ **治**：治理，管理。

⑫ **合抱**：众人合抱或两臂环抱。

⑬ **木**：大树，树木。

⑭ **毫末**：毫毛的末端，比喻极其细微。

⑮ **累土**：一筐土。

⑯ **几**：接近。

⑰ **复**：吸取他人的经验教训。

⑱ **能辅**：能够辅佐。

⑲ **自然**：自然而然，顺应自然的规律。

⑳ **不敢为**：不敢妄为。

＊本章注释可同参《中庸》"是故君子戒慎乎其所不睹，恐惧乎其所不闻"。

译文

安宁的状态易于守持，事有征兆前易于谋策，事态初期易于化解，事态微小时易于解决。谋事在事态没发生时，治事在混乱发生前。合臂才能围拢的大树，始于小苗；九层高的楼台，始于奠基累土；千里路程的进行，始于迈出第一步。妄为导致失败，固执导致迷失。所以，圣人无为就无有失败，不固执就不会迷失。人们做事，常在接近成功时而失败。慎始慎终就不会失败。所以，圣人的欲求是无欲，不看重名利财富；学习他人所不学的，吸取众人的经验教训；能辅万物顺应自然，不敢妄为。

第八篇 施德

第六十五章　天下大顺

导读

上一章重点阐释了世间万事在其初始、未形成气候时容易应对和处理，成就和治理它们要在其萌芽时入手；世间万事万物都是从"毫末""累土""足下"累积壮大的，自有其发展规律，欲速则不达；为何圣人总能成事而普通民众不易成事。本章将进一步重点阐释：自古以来善为"辅万物之自然"的有道之人的基本处世准则；"治国安邦之道"的不变法则；为什么遵循这个法则能"天下自然安顺"。

原文

古之善①为道者，非以明②民，将以愚③之。民之难治，以其智④多。故以智治国，国之贼⑤；不以智治国，国之福。知此两者，亦稽式⑥。常⑦知稽式，是谓玄德⑧。玄德深矣，远矣，与物⑨反⑩矣，然后乃至⑪大顺⑫。

字词注释

① **善**：善于，善行。

② **明**：公开，显露。

③ **愚**：此处指谦下。

④ **智**：此处指智巧伪诈。

⑤ **贼**：祸害。

⑥ **稽式**：不变的法则。参《说文》"稽，留止也""式，法也"，《管子·君臣上》"令出而不稽"。

⑦ **常**：经常，常常。

⑧ **玄德**：玄深幽远之德，自然无为之德。"玄"详见第一章注释，"德"参本书《体会道德之义·通达幸福人生》。

⑨ **与物**：与万物。

⑩ **反**：反其道而行之；周而复始的同处而不离其原本。参第四十章"反者，道之动"。

⑪ **乃至**：以至于，得以。

⑫ **大顺**：天下安顺。

译文

古往善行此道的人，并不显露于众，而是保持谦下。有些人难治理，是因其智巧过多。所以用智巧伪诈治国，国之贼；不用智巧伪诈治国，国之福。知道了这两点，也就知道了治国之道的法则。坚持遵循这个法则处世，就能通达自然无为的玄德。玄德深妙且久远，与寻常万物反其道而行之，顺乎自然使得天下安顺。

第六十六章　百谷王者

导读

上一章重点阐释了自古以来善为"辅万物之自然"的有道之人的基本处世准则，"治国安邦之道"的不变法则，为什么遵循这个法则能"天下自然安顺"。本章将进一步重点阐释：江海能够成为百谷之王者的道理，圣王之道的内涵，理想中的圣王如何以"不争"成就"王道"。

原文

江海之所以能为百谷王[1]者，以其善下[2]之，故能为百谷王。是以[3]圣人欲[4]上民[5]，必以言下之；欲先民，必以身后之。是以圣人，处上而民不重[6]，处前而民不害[7]。是以天下[8]乐推[9]而不厌，以其不争[10]，故天下莫能[11]与之争。

字词注释

① **百谷王**：喻指最能够海纳百川的底凹且虚无的境地。
② **善下**：善于处下。
③ **是以**：因此，所以。
④ **欲**：想要。
⑤ **上民**：站在高处领导民众。
⑥ **重**：增加，加重。
⑦ **害**：伤害，损害。
⑧ **天下**：普天之下，万事万物，宇宙，世界。
⑨ **推**：推选，荐举。

⑩ **不争**：不相争，不争强，与道无异。详见第六十八章注释。
⑪ **莫能**：不能。

译文

江海之所以能汇集河流，因其善于处下，故而能成为容纳百川之王。所以，圣人站在高处领导人们，必须言辞谦下；想要行在前方引领人们，必须将自己的利益放在人民利益之后。因此，圣人虽居高，但人们不觉得是负担，虽处于领先，但人们不会感到妨害。所以，天下人乐于拥戴他而不会厌烦，由于圣人处世无争，故而天下人不能与他相争。

第六十七章　持守三宝

导读

上一章重点阐释了江海能够成为百谷之王的道理，圣王之道的内涵，理想中的圣王如何以"不争"成就"王道"。本章将进一步重点阐释："天下皆谓我道大"的缘由，持守"慈爱、俭朴、不敢为天下先"三宝的意义。

原文

天下①皆②谓我道大③，似不肖④。夫唯大，故似不肖。若肖，久矣其细⑤也夫。我有三宝⑥持而保之：一曰慈⑦，二曰俭⑧，三曰不敢为天下先⑨。慈，故能勇⑩；俭，故能广⑪；不敢为天下先，故能成器长⑫。今舍慈且勇，舍俭且广，舍后且先，死矣！夫慈以战则胜，以守⑬则固⑭。天将救之，以慈卫⑮之。

字词注释

① **天下**：普天之下，万事万物，宇宙，世界。

② **皆**：都。

③ **大**：广大，浩大，伟大。

④ **不肖**：不像什么具体的事物。楚简本本章缺失；帛书本为"宵"，与其他本多见的"肖"，两者释义相同。

⑤ **细**：细小，细微。

⑥ **三宝**：三样至宝。

⑦ **慈**：慈爱并恩惠于万物。参《说文》"慈，爱也"，《尔雅·释诂》"惠，爱也"，《管子·形势解》"慈者，父母之高行也"。

⑧ **俭**：俭朴，约束自己的思想言行。参《说文》"俭，约也"。

⑨ **不敢为天下先**：不敢成为天下之先，指谦下礼让、前行不争的处世之道。

⑩ **器长**：大用之器，大用之才。

⑪ **勇**：健勇，勇武，勇猛。参《淮南子·主术训》"人无善志，虽勇必伤"。

⑫ **广**：广纳，宽广。

⑬ **守**：守持，坚守。

⑭ **固**：坚固，牢固。

⑮ **卫**：卫护，保护。

译文

天下都说我所讲的"道"浩大，好像没有具体形象。正是因为其浩大，所以才没有具体形象。若"道"有具体形象，那早就微不足道了。我有三件处世常用的至宝：一是慈爱，二是俭朴，三是不敢成为天下之先。慈爱才能沉勇，俭朴才能广纳，不敢成为天下之先，因此能成为万物之尊。如果舍弃慈爱而逞勇武，舍弃俭朴而求广纳，舍弃谦让而求争先，这就是死路啊！用慈爱之心对待征战就会胜利，持守三宝就会固若金汤。天将要救护谁，必以慈爱卫护。

第六十八章　古今之极

导读

上一章重点阐释了"天下皆谓我道大"的缘由，持守"慈爱、俭朴、不敢为天下先"三宝的意义。本章将进一步重点阐释：善于持守"三宝"之人，其"为士""作战""胜敌""用人"之道。

原文

善①为士者②不武③，善战者④不怒⑤。善胜敌者⑥不与⑦，善用人者⑧为之下⑨。是谓不争之德⑩，是谓用人之力⑪，是谓配天⑫，古之极⑬也。

字词注释

① 善：好的。一作善于，擅长。
② 为士者：此处指军中将帅。此章前四句，均以军中人为例。
③ 不武：不用武力制人，不主动侵犯他人，不逞匹夫之勇。参河上公注"言贵道德，不好武力"，王弼注"武，尚先陵人也"，"陵"指侵犯欺凌。
④ 战者：此处指上阵作战者。
⑤ 不怒：不发怒，不动气。
⑥ 胜敌者：此处指战胜或制服敌方的军人。
⑦ 不与：不相对抗。参王引之《经义述闻》"古者相当相敌，皆谓之与"，王弼注"不与争也"。
⑧ 用人者：任用人才的领兵者。参《诗经·小雅》"四国无政，不用其良"，《论语·述而》"用之则行，舍之则藏"。
⑨ 为之下：对人仁慈，为人谦下退让。这是对前三句的总结、概括，

"不武""不怒""不与"都基于仁慈和谦下。

⑩ **不争之德**：针对上文的总结句，也是对"为之下"的评价。"为之下"即对人仁慈、谦下退让，是人性静柔不争的表现，是道的体现，"不争"就是处世与道无异。"德"是指对于道的承载与体现，如遵道而行，还包含恩惠、得到、道德品行、慈善等意，可详参本书《体会道德之义·通达幸福人生》。

⑪ **用人之力**：使用人的本质力量。这是道的体现。"用"指使用。"人之力"指人的本质力量、人的本性、人的本能表现，是有别于武力、智力等非人之力的。

⑫ **配天**：合于自然，与自然相适应，天人合一。

⑬ **古之极**：自古以来的行为准则。"极"，本义为顶点，引申为标准、准则。

译文

好的将帅不逞勇武。好的作战者不发怒动气。好的制敌者不与敌正面对抗。好的用兵者待人仁慈谦下。这就是不争之德，就是用人的本质之力，就是顺应自然、天人合一，就是自古以来的行为准则。

第六十九章　哀者胜矣

导读

上一章重点阐释了善于持守"三大至宝"之人，其"为士""作战""胜敌""用人"之道。本章将进一步重点阐释：善为士者具体的用兵、胜敌之法。

原文

用兵有言：吾不敢为主①而为客②，不敢进寸而退尺。是谓行无行③，攘④无臂，执无兵⑤，乃⑥无敌⑦。祸莫大于无敌，无敌近⑧亡⑨吾宝⑩。故抗兵⑪相若⑫，哀⑬者胜矣。

字词注释

① **主**：此处指主动出兵进犯的一方。

② **客**：此处指被动防御的一方。

③ **行（háng）无行（háng）**：行阵欲战但找不到我方军阵。行，前者为动词"行阵"，指布阵打仗；后者为名词，指军阵、作战队伍的行列。

④ **攘（rǎng）**：此处指捋袖伸臂，古时此义写作"攘"。

⑤ **执无兵**：执兵相战。"执"此处指执掌、率领。帛书甲、乙本"执无兵"均在"乃无敌"之前，后世本"执无兵"均在"乃无敌"之后。本书依帛书本。

⑥ **乃**：副词，于是。帛书甲、乙本均为"乃"，后世本多为"扔""仍"。本书依帛书本。

⑦ **无敌**：无人能敌。帛书甲、乙本均为"无敌"，后世本多为"轻敌"。本书依帛书"无敌"并置于"执无兵"之后。参王弼注"言吾哀慈谦退，非

欲以取强无敌于天下也，不得已而卒至于无敌"。

⑧ **近**：接近，几乎。帛书甲、乙本均为"斤（近）"，后世本均为"几"，两字释义相同。本书依帛书本。

⑨ **亡**：遗失。帛书甲、乙本均为"亡"，后世本均为"丧"，两字释义相同。本书依帛书本。

⑩ **宝**："道"之"三宝"，即第六十七章的"慈""俭""不敢为天下先"。

⑪ **抗兵**：举兵。"抗"，举。参《诗经·小雅·宾之初筵》"大侯既抗，弓矢斯张"。

⑫ **相若**：实力相当。帛书甲、乙本均为"相若"，后世本多为"相加"。本书依帛书本。

⑬ **哀**：慈。与第六十七章"慈以战则胜"呼应。

译文

关于用兵有这种说法：我不敢做战争的主方只做客方，不敢进攻一寸宁可退守一尺。于是，攻方行阵欲战但找不到我方军阵，捋袖出臂欲斗但看不到我方挥臂，执兵相战但不见我方兵卒，于是终至无人与我为敌。无敌是最大的祸患，几乎让我失去了"道"之"三宝"。如果举兵双方实力相当，有慈爱之心的那方获胜。

第七十章　被褐怀玉

导读

上一章重点阐释了善为士者具体的用兵、胜敌之法。本章将进一步重点阐释："被褐怀玉"的圣人老子，在先秦时期提出的"顺应自然规律"的处世之道，真可谓"言有宗，事有君"，但是天下知者很少，能够遵行的更是难能可贵。

原文

吾言甚易知①，甚易行②。天下③莫能知，莫能行。言有宗④，事有君⑤。夫唯无知，是以不我知⑥？知我者希⑦，则⑧我者贵⑨。是以圣人，被褐怀玉⑩。

字词注释

① **知**：理解，懂得。
② **天下**：普天之下，万事万物，宇宙，世界。
③ **行**：施行，执行。
④ **宗**：依据，主旨。
⑤ **君**：主导，主宰。
⑥ **不我知**：不理解我知道的。
⑦ **希**：少。
⑧ **则**：效法，同于。
⑨ **贵**：难能可贵，珍贵，宝贵。
⑩ **被褐怀玉**：外表朴素而怀揣美玉之德。考《说文》"玉，石之美。有五德（仁慈、道义、大智、勇略、明洁）……"。

译文

　　我所说的很容易理解,也很容易施行。但天下没有谁能理解,没有谁能施行。这些话是有法则依据的,这些事是有规律主导的。难道是因为皆无所不知,所以才不愿理解我所知道的?能了解我的人很少,能效法我的人是最难能可贵的。所以圣人,外表朴素而怀揣美玉之德。

第七十一章　知不知知

导读

上一章重点阐释了"被褐怀玉"的圣人老子,在先秦时期提出的"顺应自然规律"的处世之道可谓"言有宗,事有君",但是天下知者很少,能够遵行的更是难能可贵。本章将进一步重点阐释:知道有所不知与不知道应该知道的,其不同的结果;"夫唯病病"与"圣人不病"的道理。

原文

知①不知②,尚③;不知④知⑤,病⑥。夫唯⑦病病⑧,是以不病⑨。圣人⑩不病,以其病病,是以不病。

字词注释＊

① 知:知道。作动词。
② 不知:(所)不知道的。作名词。
③ 尚:高明,尚可。
④ 不知:不知道。此"知"同注①,作动词。
⑤ 知:(应)知道的。此"知"同注②,作名词。
⑥ 病:缺点,问题,弊病。
⑦ 唯:只有。
⑧ 病病:纠正缺点。第一个"病"作动词,喻指"纠正";第二个"病"作名词,同注⑥。
⑨ 不病:没有缺点。"不"此处作"无"。
⑩ 圣人:尊道贵德有大智慧之人,处世高明有道之人,最高境界之人。

＊本章注释可同参《吕氏春秋・似顺论・别类》"知不知，上矣。过者之患，不知而自以为知"。

译文

知道自己有所不知，这是高明的；不知道自己应该知道的，这就是缺点。唯有纠正缺点，才能没有缺点。圣人没有缺点，是因为他能够纠正缺点，所以没有缺点。

第七十二章　无厌其生

导读

上一章重点阐释了知道有所不知与不知道应该知道的，其不同的结果；"夫唯病病"与"圣人不病"的道理。本章着重阐释：民不畏威则大患降临，君王勿要压迫百姓，可效仿圣人"自知自爱"，只有这样才不会被百姓厌恶，体现对民心向背的重视。

原文

民不畏①威②，则大威③至④。无狭⑤其所居⑥，无厌⑦其所生⑧。夫唯⑨不厌⑩，是以不厌。是以圣人自知不自见⑪，自爱不自贵⑫，故去彼取此⑬。

字词注释＊

① **畏**：畏惧。
② **威**：威压。
③ **大威**：最可畏惧的事，危机危难，祸乱。威压。参《说文》"威，畏也"，《史记·平原君虞卿列传》"有而可畏谓之威"。
④ **至**：降临，到来。
⑤ **狭**（xiá）：压榨，压迫。
⑥ **居**：安居，居处。
⑦ **厌**：逼迫，强迫，急促。参《说文》"厌，笮也""笮，迫也"。
⑧ **生**：生活，生存，生息。
⑨ **夫唯**：只有。
⑩ **不厌**：不讨厌，不厌恶，令人喜欢。

⑪ **不自见**：不自持己见，不自我表现。

⑫ **不自贵**：不自视高贵。

⑬ **去彼取此**：去除前者，采纳后者。

*本章注释可同参《吕氏春秋·不苟论·自知》"败莫大于不自知"。

译文

当人民不畏惧统治者的威压时，可怕的祸乱就要到来。不要逼迫人民使其不得安居，不要压榨人民使其无法生活。只有不压迫人民，人民才不会厌恶统治者。因此，有道的圣人不但有自知之明，也不自持己见；有自爱之心，也不自视高贵。所以，要舍弃自见、自贵而保持自知、自爱。

第九篇　道德

只有通达正己助人的大道之德
才能静悟天地万物的恒常之道

第七十三章　天网恢恢

导读

上一章重点阐释了民不畏威则大患降临，君王勿要压迫百姓，可效仿圣人"自知自爱"，只有这样才不会被百姓厌恶，体现了对民心向背的重视。本章和下一章都论生杀。本章重点阐释：上天自然而然的生杀规律，使柔弱无为者生，而杀肆欲妄为者；上天之道的具体表现；天道神秘不可知及威力无处不在。

原文

勇于敢①则杀②，勇于不敢③则活。此两者，或④利或害，天之所恶，孰知其故⑤？是以圣人犹难之。天之道⑥：不争⑦而善⑧胜⑨，不言⑩而善应⑪，不召⑫而自来，繟然⑬而善谋⑭。天网⑮恢恢，疏⑯而不失⑰。

字词注释

①　**敢**：此处特指"肆欲妄为，坚强驭物"。参第七十六章"坚强者死之徒也"，"坚强"就是"敢"。

②　**杀**：杀死，杀戮。参《说文》"杀，戮也"。

③　**不敢**：此处特指"无欲无妄，柔弱顺物"。与上面的"敢"相对应，参第七十六章"柔弱者生之徒也"，"柔弱"就是"不敢"。

④　**或**：作代词。参《周易·系辞上》"君子之道，或出或处，或默或语"。

⑤　**故**：缘故，原因。

⑥　**天之道**：至上的处世之道。

⑦　**不争**：详见第六十八章译文、注释。

⑧ **善**：善于，擅长。

⑨ **胜**：取胜，战胜，得胜。此处引申为"制服"，参第六十一章"牝常以静胜牡"。

⑩ **不言**：此处指不用言语发号施令。

⑪ **应**：此处指回应。

⑫ **召**：召唤。

⑬ **繟（chǎn）然**：形容宽缓状。"繟"，宽舒，舒缓。

⑭ **谋**：本义为征求解决疑难的意见或办法，见《说文》"谋，虑难曰谋"。此处引申为谋划、商量办法。

⑮ **恢恢**：宽广，宽宏。参《荀子·解蔽》"恢恢广广，孰知其极"。

⑯ **疏**：宽疏，稀疏。

⑰ **失**：漏失，遗漏。

译文

勇于肆欲妄为导致危难衰亡，勇于清静无为促进安然长存。这两种勇，一个有利，一个有害，取决于上天厌恶谁（上天厌恶的就是有害的）。谁能知道其中缘故呢？即便圣人也难以说清楚。上天之道：不必争斗，万事万物就会顺服；不发号施令，万事万物就会回应；不用召唤，万事万物就依节令而出现；从容自在，善于谋划。天犹如一张宽大无边的罗网，虽然网格稀疏，却使万事万物都无可漏失。（万事万物都不能脱离天道，合之则利，乖之则害。不合天道者，虽可短暂生存，但终将灭亡。）

第九篇 道德

第七十四章　司杀者杀

导读

上一章重点阐释了上天自然而然的生杀规律，使柔弱无为者生，而杀肆欲妄为者，以及上天之道的具体表现和天道神秘不可知及威力无处不在。本章将在上一章立论的基础上，进一步重点阐释"生杀"：批判统治者滥用刑罚杀戮百姓；指出刑罚杀戮不能从根本上解决问题，须回到无欲无妄、顺应自然的"无为而治"轨道上来。

原文

若民恒①且②不畏死③，奈何④以⑤杀⑥惧之也？若民恒且畏死⑦，而为奇⑧者，吾得执⑨而杀之，夫孰敢矣？若民恒且必畏死⑩，则当⑪有司杀者⑫杀。夫⑬代司杀者杀，是代大匠斫⑭也。夫代大匠斫者，希⑮不伤其手矣。

字词注释

① **恒**：常，长期。也可作"普遍""都"。
② **且**：此处为语气助词。
③ **不畏死**：不怕死。"畏"，畏惧，害怕。民众不怕死，是因为生不如死。见第七十二章"民不畏威"。
④ **奈何**：为何，为什么。
⑤ **以**：用，拿。
⑥ **惧**：威胁，恐吓。
⑦ **畏死**：怕死。民众生活安适，自然贵生怕死。
⑧ **为奇**：为非作歹，即上一章的"勇敢"。"奇"，奇诡，不合道，即

上一章的"肆欲妄为，坚强驭物"。

⑨ **执**：捉拿，抓捕。

⑩ **若民恒且必畏死**：如果民有犯罪以律必死者。传世各本无此句，据帛书乙本校补。帛书甲本缺文，无此句。此句的"畏"指"犯罪依律当死"。参《礼记·檀弓》"死而不吊者三：畏、厌、溺"；《广雅》"畏，罪也"，王肃注曰"犯法狱死谓之畏"。此句隐含的"依律必死"，所依的"律"必须是合乎道的，而非手握权柄者按自身好恶和利弊妄定的。

⑪ **当**：应当。传世本多为"常"，应为"当"之误。

⑫ **司杀者**：此处指依据合乎道的法律执掌生杀大权的人，也可解释为最终指向的"天""道"。

⑬ **夫**（fú）：用作定语，译作"彼""那些"。也可理解为句首语气词，表示要发议论。

⑭ **斫**（zhuó）：用刀、斧等砍劈。

⑮ **希**：古时指少、稀疏，现规范为"稀"。一作"希有"。

译文

如果民众长期（生不如死，就会）不惧怕死亡，为什么还要用杀头来威胁他们？如果民众长期（生活安适，就会）惧怕死亡，就把那些为非歹的人抓起来杀了，谁还敢再为非歹呢？如果有民众犯罪依律必须得死，则应由专门掌管生杀者（天）处理。那些代替司杀者（天）行使杀人权力的，好比笨拙的人代替能工巧匠砍伐木料。那些代替能工巧匠砍伐木头的人，很少有不伤到自己的手的。

第七十五章　贤于贵生

导读

上一章进一步重点阐释了"生杀",批判了统治者滥用刑罚杀戮百姓,指出刑罚杀戮不能从根本上解决问题,须回到无欲无妄、顺应自然的"无为而治"轨道上来。本章将进一步重点阐释:导致百姓"饥""不治""轻死"的原因;"夫唯无以生为者,是贤于贵生"的主张。

原文

人①之饥也,以其上取②食税③之多也,是以饥。百姓④之不治⑤,以其上有以为⑥也,是以不治。民之轻死⑦,以其上求生之厚⑧也,是以轻死。夫⑨唯⑩无以生为⑪者,是贤⑫于贵生⑬。

字词注释

① 人:人民,与后面的"百姓""民众"同指。一作"民"。
② 取:拿。一些版本无"取"字。
③ 食税:古时食邑制下百姓要缴纳的粮食税,为古时主要税种。
④ 百姓:一作"民"。
⑤ 不治:不能治理。各版多见"难治",译作"难以治理"。
⑥ 有以为:肆意妄为,依自己的好恶利弊多立禁令。
⑦ 轻死:把死看得很轻,不怕死。统治者纵欲妄为,巧取豪夺,明争暗抢,"上行下效",百姓也变得尔虞我诈,谋财图利,为争得优裕生活不惜舍命。参王弼注"言民之所以僻(邪僻),治之所以乱,皆由上,不由其下也。民从上也",苏辙解曰"上以利欲先民,民亦争厚其生,故虽死而求利

不厌。贵生之极，必至于轻死"。

⑧ **求生之厚**：贪求富贵奢华地生。见上注。

⑨ **夫**（fú）：语气词，用在句首，表示要发议论。参《左传·隐公四年》"夫兵，犹火也"。

⑩ **唯**：语气副词，此处用于加强语气。参《论语·述而》"与其进也，不与其退也。唯何甚！"。

⑪ **无以生为**：不为了"生"而肆意妄为，合乎道地活着，"无为"地活着。

⑫ **贤**：胜过，超过。参《国语·晋语》"瑶之贤于人者五，其不逮者一也"，《战国策·赵策四》"老臣窃以为媪之爱燕后贤于长安君"。

⑬ **贵生**：对"取食税之多""有以为""求生之厚"的概括。

译文

人民之所以遭受饥荒，是因为统治者收取了太多的粮食税，所以饥荒。百姓之所以不能治理，是因为统治者肆意妄为，依自己的好恶利弊多立禁令，所以百姓刁悍不能治理。民众不惧怕死亡，是因为他们效仿统治者追求优厚奢侈的生活，所以不惜舍命。（可见，）活得无为恬淡，胜过活得富贵奢华。

第七十六章　柔弱处上

导读

上一章重点阐释了导致百姓"饥""不治""轻死"的原因，提出了"夫唯无以生为者，是贤于贵生"的主张。本章将进一步重点阐释：坚强者死，柔弱者生的道理，"强大处下，柔弱处上"的做人处事之道。

原文

人之生也柔弱①，其死也坚强②。万物草木之生也柔脆③，其死也枯槁④。故坚强者死之徒⑤，柔弱者生之徒⑥。是以兵强则不胜，木强则折。强大处下⑦，柔弱处上⑧。

字词注释

① 柔弱：柔软而富有弹性。此处喻指弱化主观意识，顺应客观规律，顺应"道"。

② 坚强：僵硬而缺乏弹性。此处喻指自我意识膨胀，背离客观规律，背离"道"。

③ 柔脆：柔韧，同"柔弱"。"脆"形容草木可曲可直。

④ 枯槁：干枯僵硬。

⑤ 死之徒：必死的。

⑥ 生之徒：生生不息的。

⑦ 下：低劣的，此处指下策。

⑧ 上：高明的，此处指上策。

译文

　　人在活着时身体是柔软而富有弹性的，死后身体是僵硬的。万物草木生长时身体是柔软而富有弹性的，死后是干枯僵硬的。因此，坚强固化的属于必死的，柔弱灵活的属于生生不息的。所以，逞强用兵就不能获胜，干硬不能弯曲的植物就容易折断。处事生硬强势是下策，处事谦和灵活是上策。

第七十七章　天道犹弓

导读

上一章重点阐释了坚强者死、柔弱者生的道理，"强大处下，柔弱处上"的做人处事之道。本章将进一步重点阐释：天道的公正；人道的不公；"有道者"应遵循天道主事；圣人对此是如何处事的。

原文

天之道①，其犹张弓②欤③？高者抑④之，下者举⑤之；有余⑥者损⑦之，不足⑧者补⑨之。天之道，损有余而补不足。人之道⑩则不然⑪，损不足以奉⑫有余。孰能有余以奉天下？唯有道者。是以圣人，为而不恃⑬，功成而不处⑭，其不欲⑮见贤⑯。

字词注释

①　**天之道**：至上的自然规律与法则。

②　**张弓**：拉开弓弦，使弓呈现撑开的状态。其中"弓"指弓箭、弹弓。参《说文》"张，施弓弦也"，《吴越春秋》"弩生于弓，弓生于弹"。

③　**欤**（yú）：表示疑问或反问，跟"么"或"呢"相同。也表示感叹。

④　**抑**：向下按，压低。

⑤　**举**：往上抬。

⑥　**有余**：有富余的，过剩的，固持至极的自见自是。

⑦　**损**：减少，向其拿取。

⑧　**不足**：不充足的，匮乏的，长期欠缺的自然常识。

⑨　**补**：补充，弥补。

⑩ **人之道**：世人奉行的法则。

⑪ **不然**：不是这样。

⑫ **奉**：奉送，奉献。

⑬ **不恃**：不自恃。包含有不自以为是、不过分自信、不奢求回报、不有所依赖、拿得起放得下等意。

⑭ **不处**：参见第九章注释"⑩功遂身退"。

⑮ **不欲**：不希望，不求。

⑯ **见贤**：彰显贤德。"见"读作 xiàn，显现。

译文

天道的准则，不就像拉开弓弦时调整弦位那样吗？弓位高了就压低一些，弓位低了就抬高一些；弓弦拉紧了就松点劲儿，弓弦没拉满就补点劲儿。天道的准则，是减少有余的而补充给不充足的。但是，世人奉行的法则却不是这样，而是拿取不充足的奉送给过剩的。谁能将有余的奉献给天下不足的？只有遵道而行之人。所以圣人，有所作为而不自以为是，有所成就而不居功，不求彰显贤德。

第七十八章　正言若反

导读

上一章重点阐释了天道的公正，人道的不公，"有道者"应遵循天道主事，圣人对此是如何处事的。本章将进一步重点阐释："弱之胜强，柔之胜刚"是显而易见的道理，君王为政与之同理；什么是"正言若反"。

原文

天下莫柔弱于水，而攻坚强①者，莫之能胜，其无以易②之。弱③之胜强④，柔⑤之胜刚⑥，天下莫不知，莫之能行。是以圣人云：受国之垢⑦，是谓社稷主；受国不祥⑧，是谓天下王。正言若反⑨。

字词注释

① **攻坚强**：攻克坚固的东西。
② **易**：更改，变化。
③ **弱**：谦弱，微弱。
④ **强**：强悍，强横。
⑤ **柔**：谦柔，柔弱。
⑥ **刚**：坚硬，刚强。
⑦ **垢**：耻辱，羞耻。本文指他人不愿意接受的。
⑧ **不祥**：不善，灾祸。
⑨ **正言若反**：顺应正道的言语，一些人会认为没有道理，犹"忠言逆耳"。其中"正"详见第二十二章注释。

译文

　　天下最柔弱的莫过于水，而攻坚克强，却也没有什么东西能胜过水，水至柔至强的特性不可更改。弱能胜强，柔能胜刚，天下没有谁不知道的，却没有谁能做到。所以圣人说，能承受国家的垢辱，就是江山社稷的君主；能承受国家的不祥之事，就是天下的王者。合乎道的"正言"听起来很没道理。

第七十九章　常与善人

导读

上一章重点阐释了"弱之胜强，柔之胜刚"是显而易见的道理，君王为政与之同理，以及什么是"正言若反"。本章将进一步重点阐释："无德司彻"不合天道，必致民生大怨，即使"和大怨"也算不得"为善"；"有德司契"合乎天道，总能得天道相助。

原文

和大怨①，必有余怨，安可以为善？是以圣人执右契②，而不责③于人。有德司契，无德司彻④。天道无亲，常与⑤善人⑥。

字词注释

① **大怨**：河上公注"杀人、刑人，是谓大怨。大怨已生，以德和之，必不能"。君王若不清虚无为而刚强多欲，民众就会生积很大的怨恨，此时再去修德为善以和之，无论怎么做都不能使其尽灭，怎么能当作为善呢？

② **执右契**：帛书甲本为"圣右介（契）"，其他诸本均为"执左契"。古代债权人与债务人欠债数目写在一块木板上，再把这块木板从正中间分开，债权人与债务人各执一半；将两半合于一体，即可见债务之实。古代礼制以右为尊，故古代契法为债权人执右契，债务人执左契。本书依帛书甲本。

③ **责**：追索。

④ **彻**：古时作"徹"，周代的田税制度。参《孟子·滕文公上》"周人百亩而徹"；《论语·颜渊》"盖徹乎？"何晏注"周法十一而税，谓之徹"，即收成的十分之一拿出来交税。

⑤ 与：帮助。

⑥ 善人：此处呼应首句"和大怨，必有余怨，焉可以为善"，指没有造成社会怨恨的、"有德司契"的合道之君。

译文

调和大怨，必定难以彻底，会留下余怨，这种调和是为善吗？因此，圣人即使执右契有债权，也不会向负债方追讨。有德之君，效仿圣人只掌握债契但不追讨；无德之君，一丝不苟地催缴田税。（对这两种人，）天道无所谓亲疏，但总是顺其自然地帮助合道之人。

第八十章　小国寡民

导读

上一章重点阐释了"无德司彻"不合天道，必致民生大怨，即使"和大怨"也算不得"为善"，以及"有德司契"合乎天道，总能得天道相助。本章将进一步重点阐释："小国寡民"的处世之道（本章的处世之道，可在幸福人生之路上多加体会其中的妙用）。

原文

小①国寡民②。使有什伯③人之器而不用，使民重死④而不远徙⑤。虽有⑥舟舆⑦无所⑧乘之，虽有甲兵⑨无所陈⑩之，使民复⑪结绳⑫而用之。甘其食，美其服，安其居，乐其俗。邻国相望，鸡犬之声相闻⑬，民至⑭老死不相往来⑮。

字词注释

① **小**：本义。还含有不逞强称霸、没有贪欲、知足的意思。
② **寡民**：人口稀少。还含有百姓性格柔和谦虚、社会和谐的意思。
③ **什伯**：本义是古代兵制，即十人或十家为什，设什长一人；百人或百户为佰，置佰长一人。楚简本此章缺失，帛书本为"十百"，其他本多为"什佰"，释义相同。
④ **重死**：珍爱自身。
⑤ **徙**：迁徙。
⑥ **虽有**：即使有，虽然有。
⑦ **舟舆**：车和船。

⑧ **无所**：没有，没有机会。
⑨ **甲兵**：铠甲和兵械。泛指兵器，亦指军队。
⑩ **陈**：陈列。此处指布阵交战。
⑪ **复**：复回，回归。
⑫ **结绳**：远古时，原始人没有文字，在绳上打结来帮助记忆。
⑬ **闻**：听见。
⑭ **至**：到，直到。
⑮ **老死不相往来**：至死都不会相互来往。"来"与之前篇章提到的"退"相对应，参第四十一章"进道若退"等，因此还指不相往来滋事、不逞强称霸、不唯利是图，又借指相互谦让、礼敬、平等、友好地往来。

译文

谦下之国自然人文淳朴。即使有功效十倍百倍于人工的器具也用不上，使人们珍爱自身而不迁徙远方。虽有车船但无人乘坐，虽有武器军械但没有机会布阵交战，使人们回归远古结绳记事时期的自然淳朴状态。使人们觉得自己吃的食物味美，自己穿的衣着好看，自己住的居所安逸，自己这里的生活习俗令人愉悦。相邻的邦国可以互相对望，鸡犬的声音都能听见，但两国的百姓从生至死都不相互往来。

第八十一章　利而不害

导读

上一章重点阐释了"小国寡民"的处世之道。本章将进一步重点阐释："善者""信言"；圣人不会刻意积藏，只会踏实地遵循"既以为人""既以与人"，即至上的处世之道——"利而不害"；幸福人生之道，更可遵行于此而不争（本章所述的道，可谓非同寻常，是永恒常存之道；其作用，更可谓非同寻常，是永恒常存的功用……）。

原文

信[1]言不美[2]，美言不信；知[3]者不博[4]，博者不知；善者[5]不多[6]，多者不善[8]。圣人不积[9]，既[10]以为[11]人，己愈有；既以与[12]人，己愈多。天之道，利[13]而不害[14]；人之道，为[15]而不争[16]。

字词注释

① 信：真实的。

② 美：好的，美的。此处指说得好听的（话），说得漂亮的（话）。

③ 知：此处指知晓"道"。参第四十八章"为学者日益，为道者日损"。又参河上公注"知者，谓知道之士；不博者，守一元也。博者，多见闻也；不知者，失要真也"。

④ 博：此处指背离了"道"的博闻广识。

⑤ 善者：得道守一的人。呼应上文的"知者"、下文的"圣人"。

⑥ 不多：不追求多。呼应上文的"不博"、下文的"不积"。楚简本此处缺失；帛书本为"善者不多，多者不善"，且在"知者不博，博者不知"

之后；今传世本均改作"善者不辩，辩者不善"，且在"知者……"之前。本书依帛书本。

⑦ **多者**：向外谋求多的人。呼应上文的"博者"。

⑧ **不善**：不能得道守一。呼应上文的"不知"。

⑨ **积**：本义为积聚谷物。参《说文》"积，聚也"，朱骏声《说文通训定声》"禾谷之聚曰积"。

⑩ **既**：尽。参《公羊传·桓公三年》"既者何？尽也"。

⑪ **为**：帮助。参《论语·述而》"夫子为卫君乎"。

⑫ **与**：给予，帮助。

⑬ **利**：有利于万物生长、成长。参第十章、第五十一章"生而不有，为而不恃，长而不宰，是谓玄德"。"利"即"玄德"之"生""为""长"。

⑭ **不害**：不妨害万物生长、成长，即"玄德"之"不有""不恃""不宰"。

⑮ **为**：按道的"无为"而为。参第二章"处无为之事"，第三章"为无为，则无不治"，第六十三章"为无为，事无事，味无味"。

⑯ **不争**：详见第六十八章译文、注释。

译文

真切的言语不好听，好听的言语不真切。知晓"道"的人不渊博，渊博的人往往不懂"道"。得道守一的人，什么都不贪多；总想拥有更多的人，不能得道守一。圣人不为自己积攒什么，他尽己全力帮助别人，自己反而拥有更多；他倾己所有给予别人，自己反而得到更多。所以，至上的处世之"道"，是帮助万物生长、成长，不妨害万物生长、成长；而通达幸福人生的法则，便是遵"道"而行，与此无争（这里所述的道，可谓非同寻常，是永恒常存之道；其作用，更可谓非同寻常，是永恒常存的功用……）。

附文一 楚简本《道德经》简介与原文

一、楚简本《道德经》简介

《道德经》战国竹简版本（本书简称"楚简本"），是目前已知发现最早的《道德经》版本。其原件由湖北省荆门市博物馆的考古工作人员，于1993年10月，抢救性地发掘于沙洋县纪山镇郭店村一组的"郭店一号"墓。通过该墓的所处地点，墓主使用的一棺一椁，墓葬规模较小，以及随葬品等情况信息可知，该墓建于战国中晚期，墓主是楚国太子门下谋士，其身份为士（《荀子·礼论》"即士为一棺一椁"）一级。该墓内的随葬品中，最引人关注的是800多枚竹简，但因曾被盗墓者破坏、年久老化等人为损坏及自然侵蚀，这些简书复原工作十分困难。专家们用长达5年的艰辛努力，确定了16篇先秦文献（其中有13篇为2000多年前的佚籍）。这些文献中就有道家典籍《道德经》和《太一生水》，其余14篇为儒家典籍。

楚简本《道德经》共有甲、乙、丙三版，大致是其所处时期的三个传世版本。甲本现存39枚竹简，简文1092字，缺文15字，衍文1字，其章节内容依次对应今本的第19、66、46、30、15、64（后部）、37、63、2、32、25、5、16、64（前部）、56、57、55、44、40、9章。乙本现存18枚竹简，简文390字，缺文47字，衍文3字，其章节内容依次对应今本的第59、48、20、13、41、52、45、54章。丙本现存14枚竹简，简文269字，缺文19字，其章节内容依次对应今本的第17、18、35、31、64（后部）章。综上所述，即便补足简文缺文也只有1832字，只有帛书本和今本字数的三分之一左右。

二、楚简本《道德经》原文

楚简甲、乙、丙三个版本的简文皆为先秦时楚国的大篆籀文字体。本书将原文转为今简体字，将部分文字通假转换，以便阅读。竹简序号后括号中的"第××章"，是与之对应的今本篇章序号，原文缺文处用"○"填补。原文缺字，依上下文并对照传世典籍补字，用［］标注。衍文用【】标注。

楚简本《道德经》甲本

甲一（第十九章）

绝知（智）弃辩，民利百倍；绝巧弃利，盗贼亡有；绝伪（为）弃虑，民复季子。三言以为辨不足，或命之有所属。视素保朴，少私寡欲。

甲二（第六十六章）

江海所以为百谷王，以其能为百谷下，是以能为百谷王。圣人之在民前也，以身后之；其在民上也，以言下之。其在民上也，民弗厚也；其在民前也，民弗害也。天下乐进而弗厌，以其不争也，故天下莫能与之争。

甲三（第四十六章）

罪莫主乎甚欲，咎莫险乎欲得，化莫大乎不知足。知足之为足，此恒足矣。

甲四（第三十章）

以道佐人主者，不欲以兵强于天下。善者，果而已，不以取强。果而弗伐，果而弗骄，果而弗矜，是谓果而不强。其事好长。

甲五（第十五章）

古之善为士者，必微弱玄达，深不可识，是以为之颂。豫乎，如冬涉川。犹乎，其如畏四邻。严乎，其如客。远乎，其如释。纯乎，其如朴。沌乎，其如浊。孰能浊以静者？将舍清？孰能庀以迬者？将徐生？保此道者，不欲尚盈。

甲六（第六十四章后部）

为之者，败之；执之者，远之。是以圣人亡为，故亡败；亡执，故亡失。临事之纪，慎终如始，此亡败事矣。圣人欲不欲，不贵难得之货；教不教，复众之所过。是故圣人能辅万物之自然，而弗能为。

甲七（第三十七章）

道恒，亡为也，侯王能守之，而万物将自化。化而欲作，将正之以亡名之朴。夫亦将知足，知以静，万物将自定。

甲八（第六十三章）

为亡为，事亡事，味亡味。大小之，多
易必多难。是以圣人犹难之，故终亡难。

甲九（第二章）

天下皆知美之为美也，恶已；皆知善，斯不善已。有亡之相生也，难易之相成也，长短之相形也，高下之相盈也。音声之相和也，先后之相随也。是以圣人居亡为之事，行弗言之教。万物作而弗始也，为而弗恃也，成而弗居。夫唯弗居也，是以弗去也。

甲十（第三十二章）

道恒，亡名，朴虽细，天地弗敢臣。侯王如能守之，万物将自宾。天地相合也，以逾甘露，民莫之令，而自均安。始制有名。名亦既有，夫亦将知之，知之所以不诒。俾道之在天下也，犹小谷之与江海。

甲十一（第二十五章）

有状混成，先天地生。敓穆、独立、不改，可以为天下母。未知其名，字之曰道，吾强为之名曰大。大曰逝，逝曰远，远曰反。天大，地大，道大，王亦大。国中有四大安，王居一安。人法地，地法天，天法道，道法自然。

甲十二（第五章）

天地之间，其犹橐籥与？虚而不屈，动而愈出。

甲十三（第十六章）

至虚，恒也；守中，笃也；万物旁作，居以须复也。天道员员，各复其根。

甲十四（第六十四章前部）

其安也，易持也；其未兆也，易谋也；其脆也，易判也；其几也，易散也。为之于其亡有也，治之于其未乱。合○○○○○○末，九成之台，作○○○○○○○○足下。

甲十五（第五十六章）

知之者弗言，言之者弗知：闭其兑，塞其门，和其光，同其尘，畜其锐，解其纷，是谓玄同。故不可得而亲，亦不可得而疏；不可得而利，亦不可得而害；不可得而贵，亦不可得而贱。故为天下贵。

甲十六（第五十七章）

以正治邦，以奇用兵，以亡事取天下。吾何以知其然也？夫天多忌讳，而民弥贫。民多利器，而邦滋昏。人多智，而奇物滋起。法物滋彰，盗贼多有。是以圣人之言曰：我亡事，而民自富；我亡为，而民自化；我好静，而民自正；我欲不欲，而民自朴。

甲十七（第五十五章）

含德之厚者，比于赤子。虺蚤虫蛇弗螫，攫鸟猛兽弗扣。骨弱筋柔而捉固。未知牝牡之合［而］然怒，精之致也。终日乎而不忧，和之致也。和曰常，知和曰明。益生曰祥，心使气曰强。物壮则老，是谓不道。

甲十八（第四十四章）

名与身孰亲？身与货孰多？得与亡孰病？甚爱必大费，厚藏必多亡。故知足不辱，知止不殆，可以长久。

甲十九（第四十章）

返也者，道动也。弱也者，道之用也。天下之物生于有，有生于亡。

甲二十（第九章）

持而盈之，不【不】若已。抟而群之，不可长保也。金玉盈室，莫能守也。贵富［而］骄，自遗咎也。功遂身退，天之道也。

楚简本《道德经》乙本

乙一（第五十九章）

治人事天：莫若啬。夫唯啬，是以早，【是以早】备，是谓○○○○○○○○不克，［无］不克则莫知其恒，莫知其恒可以有国，有国之母，可以长［久］○○○○○○，长生久视之道也。

乙二（第四十八章）

为学者日益，为道者日员。员之或员，以至亡为也。亡为而亡不为。

乙三（第二十章）

绝学无忧。唯与呵，相去几何？美与恶，相去何若？人之所畏，亦不可以不畏人。

乙四（第十三章）

宠辱若惊，贵大患若身。何谓宠辱？宠为下也，得之若惊，失之若惊，是谓宠辱若惊。○○○○○若身？吾所以有大患者，为吾有身；及吾亡身，有何［患］？○○○○为天下，若可以厇天下矣；爱以身为天下，若可以达天下矣。

乙五（第四十一章）

上士闻道，堇能行于其中；中士闻道，若闻若亡；下士闻道，大笑之。

弗大笑，不足以为道矣。是以建言有之：明道如费，夷道〇〇〇道若退。上德如谷，大白如辱。广德如不足，建德如[偷]，[质]贞如渝。大方亡隅，大器曼成。大音希声，天象亡型，道〇无[名]。

乙六（第五十二章）
闭其门，塞其兑，终身不矛。
启其兑，塞其事，终身不逨。

乙七（第四十五章）
大成若缺，其用不敝。大盈若盅，其用不穷。大巧若拙，大赢若绌，大直若屈。噪胜沧，清胜热，清静，为天下正。

乙八（第五十四章）
善建者不拔，善保者不脱，子孙以其祭祀不屯。修之身，其德乃贞；修之家，其德有余；修之乡，其德乃长；修之邦，其德乃丰；修之天下，[其德乃博]。[以身观身，以家观]家，以乡观乡，以邦观邦，以天下观天下。吾何以知天〇〇〇〇。

楚简体《道德经》丙本

丙一（第十七章）
大上，下知有之；其次，亲誉之；其次，畏之；其次，侮之。信不足，安有不信。犹乎，其贵言也，成事述功，而百姓曰我自然也。

丙二（第十八章）
故大道废，安有仁义？六亲不和，安有孝慈？邦家昏[乱]，安有正臣。

丙三（第三十五章）
势大象，天下往。往而不害，安平大。乐与饵，过客止。故道〇〇〇，淡呵其无味也。视之不足见，听之不足闻，而不可既也。

丙四（第三十一章）

君子居则贵左，用兵则贵右。故曰兵者○○○○○○得已而用之。铦袭为上，弗美也。美之，是乐杀人。夫乐○○，○○以得志于天下。故吉事上左，丧事上右。是以偏将军居左，上将军居右，言以丧礼居之也。故杀○○，则以哀悲莅之。战胜，则以丧礼居之。

丙五（第六十四章后部）

为之者，败之；执之者，失之。圣人无为，故无败也；无执，故［无失也］。慎终若始，则无败事矣。人之败也，恒于其且成也败之。是以○人欲不欲，不贵难得之货；学不学，复众之所过。是以能辅万物之自然，而弗敢为。

本附文参考文献

［1］荆门市博物馆. 郭店楚墓竹简［M］. 北京：文物出版社，1998.

［2］李天虹，彭浩，龙永芳，等. 郭店楚墓竹书［M］//武汉大学简帛研究中心，荆门市博物馆. 楚地出土战国简册合集：1. 北京：文物出版社，2011.

［3］丁四新. 郭店楚竹书《老子》校注［M］. 武汉：武汉大学出版社，2010.

［4］刘钊. 郭店楚简校释［M］. 福州：福建人民出版社，2005.

［5］李零. 郭店楚简校读记：增订本［M］. 北京：中国人民大学出版社，2007.

［6］熊铁基. 道德真经［M］//张继禹. 中华道藏：第9册. 北京：华夏出版社，2014.

［7］邓各泉. 郭店楚简《老子》释读［M］. 长沙：湖南人民出版社，2005.

附文二　帛书本《道德经》简介与原文

一、帛书本《道德经》简介

《道德经》帛书版本（本书简称"帛书本"），1973年12月，出土于湖南长沙马王堆3号汉墓（墓主人为汉初长沙国丞相利苍之子）。该墓共出土了28部帛书典籍，共计约12万字，其中就包含当时传世的《道德经》甲、乙两版。甲本5449字，字体多为小篆，原文中没有避讳"邦"字，由此说明甲本可能传抄于汉高祖刘邦登基之前的秦汉之际；乙本5467字，字体多为隶书，原文中把"邦"改为"国"，没有避讳"盈"与"恒"，由此说明乙本可能传抄于汉惠帝刘盈登基之前的西汉初期。帛书甲、乙本章序相同，皆分为"德篇"与"道篇"，皆为"德篇"在上，共44个章节；"道篇"在下，共37个章节。后世其他版本多为"道篇"在上，"德篇"在下，也是共81个章节。但是，帛书甲、乙本的章序与后世其他版本（含今综合本）有3处不同，用今综合本的章序做对照排列：第24章位于第21、22章之间，第40章和第41章互倒，第80、81章位于第66、67章之间。

帛书本与其他版本之间的差异说明，详见本书《阅读说明·〈道德经〉古本对照》。

二、帛书本《道德经》原文

以下原文依帛书本篇章句词顺序，帛书本序号后括号内的第××章，是与之对应的今本章节序号。帛书本原件年久老化，缺失比较严重，为了便于读者阅读，以下原文以甲本为主体，缺文处多取乙本补充（用加黑字体标注），乙本同时缺文处取今综合本补充（用下划线标注）。

帛书甲本原件多为小篆字体，帛书乙本原件多为隶书字体。为了方便读者阅读，接下来的原文字体已转为今简体，原文中的假借通假字和古体字，在其后括注现用字。

《德篇》

第一章（第三十八章）

上德不德，是以有德；下德不失德，是以无德。上德无**为而**无以为也，上仁为之**而无**以为也，上义为之而有以为也。上礼**为之而莫之应也**，则攘臂而乃（扔）之。故失道而后德，失德而后仁，失仁而后义，**失义而后礼。夫礼者，忠信之泊（薄）也，**而乱之首也。**前识者，**道之华也，而愚之首也。是以大丈夫居其厚而不居其泊（薄），居其实不居其华。故去皮（彼）取此。

第二章（第三十九章）

昔之得一者，天得一以清，地得一以宁，神得一以霝（灵），浴（谷）得一以盈，侯**王得一**而以为**天**下正。其致（诚）之也，胃（谓）天毋已清将恐**裂**，胃（谓）地毋**已宁**将恐**发**，胃（谓）神毋已霝（灵）将恐歇，胃（谓）浴（谷）毋已盈将恐渴（竭），胃（谓）侯王毋已贵**以高将恐蹶**。故必贵而以贱为本，必高矣而以下为基。夫是以侯王自胃（谓）**孤**寡不橐（穀）。**此其贱之本与，非也？**故致数与（誉）无与（誉）。是故不欲禄禄若玉，**硌硌若石**。

第三章（第四十一章）

上士闻道，堇（勤）能行之；中士闻道，若存若亡；下士闻道，大笑之。弗笑不足以为道。是以建言有之曰：明道如费（昧），进道如退，夷道如类。上德如浴（谷），大白如辱。广德如不足，建德如偷，质真如渝。大方无禺（隅），大器免（晚）成，大音希声，天（大）象无刑（形），道褒无名。夫唯道，善始且善成。

第四章（第四十章）

反也者，道之动也；弱也者，道之用也。天下之物生于有，有生于无。

第五章（第四十二章）

道生一，一生二，二生三，三生万物。万物负阴而抱阳，中（冲）气以为和。天下之所亚（恶），唯孤寡不榖（榖），而王公以自名也。勿（物）或敗（损）之**而益，益**之而敗（损）。故（古）人之所教，夕（亦）議（我）而教人。故强良（梁）者不得死，我将以为学父。

第六章（第四十三章）

天下之至柔，驰骋于天下之致（至）坚。无有入于无间。五（吾）是以知无为之有益也。不言之教，无为之益，天下希能及之矣。

第七章（第四十四章）

名与身孰亲？身与货孰多？得与亡孰病？甚爱必大费，多藏必厚亡。故知足不辱，知止不殆，可以长久。

第八章（第四十五章）

大成若缺，其用不幣（敝）。大盈若涅（盅），其用不窘（穷）。大直如诎，大巧如拙，大赢如炳（朒）。趮（躁）胜寒，靓（静）胜炅（热），请（清）靓（静）可以为天下正。

第九章（第四十六章）

天下有道，却走马以粪；天下无道，戎马生于郊。罪莫大于可欲，鄘（祸）莫大于不知足，咎莫憯于欲得。故知足之足，恒足矣。

第十章（第四十七章）

不出于户，以知天下；不规（窥）于牖，以知天道。其出也彌（弥）远，其知弥少。是以圣人不行而知，不见而名（明），弗为而成。

第十一章（第四十八章）

为学者日益，闻道者日云（损）。云（损）之有（又）云（损），以至于无为，无为而无不为。取天下也，恒无事；及其有事也，不足以取天下。

第十二章（第四十九章）

圣人恒无心，以百省（姓）之心为心。善者善之，不善者亦善之，德善也。信者信之，不信者亦信之，德信也。圣人之在天下，愉愉焉，为天下浑心。百姓皆属耳目焉，圣人皆孩之。

第十三章（第五十章）

出生入死。生之徒十有三，死之徒十有三，而民生生。动皆之死地之十有三。夫何故也？以其生生也。盖闻善执（摄）生者：陵行不辟（避）矢（兕）虎，入军不被甲兵。矢（兕）无所揣（投）其角，虎无所昔（措）其蚤（爪），兵无所容其刃，夫何故也？以其无死地焉。

第十四章（第五十一章）

道生之而德畜之，物刑（形）之而器成之。是以万物尊道而贵德。道之尊，德之贵也，夫莫之时（爵），而恒自然也。道生之、畜之、长之、遂（育）之，亭之、毒之，养之、复（覆）之。生而弗有也，为而弗寺（恃）也，长而弗宰也，此之谓玄德。

第十五章（第五十二章）

天下有始，以为天下母。愍（既）得其母，以知其子，复守其母，没身不殆。塞其闷（兑），闭其门，终身不堇（勤）。启其闷（兑），济其事，终身不棘（救）。见小曰明，守柔曰强。用其光，复归其明，毋遗身央（殃），是胃（谓）袭常。

第十六章（第五十三章）

使我挈（挈）有知，行于大道，唯他（迤）是畏。大道甚夷，民甚好解（径）。朝甚除，田甚芜，仓甚虚。服文采，带利剑，厌饮食，资财有余，是谓盗枒口（竽），非道也哉！

第十七章（第五十四章）

善建者不拔，善抱者不脱，子孙以祭祀不绝。脩之身，其德乃真；脩之家，其德有余；脩之乡，其德乃长；修之国，其德乃夆（丰）；脩之天下，其德乃博。以身观身，以家观家，以乡观乡，以邦观邦，以天下观天下。吾何以知天下之然兹（哉）？以此。

第十八章（第五十五章）

含德之厚者，比于赤子。逢（蜂）䘍（虿）虺（虺）地（蛇）弗螫，攫（攫）鸟孟（猛）兽弗搏。骨弱筋柔而握固。未知牝牡之会而朘怒，精之至也。终日号而不㱒（嗄），和之至也。和曰常，知和（常）曰明。益生曰祥，心使气曰强。物壮即老，胃（谓）之不道，不道蚤（早）已。

第十九章（第五十六章）

知者弗言，言者弗知。塞其闷（兑），闭其门，和其光，同其挚（尘），坐（锉）其阅（锐），解其纷，是胃（谓）玄同。故不可得而亲，亦不可得而疏；不可得而利，亦不可得而害；不可得而贵，亦不可得而浅（贱）。故为天下贵。

第二十章（第五十七章）

以正之（治）邦，以畸（奇）用兵，以无事取天下。吾何以知其然也哉？夫天下多忌讳，而民弥贫。民多利器，而邦家兹（滋）昏。人多知，而何（奇）物兹（滋）起。法物滋章，而盗贼多有。是以圣人之言曰：我无为也而民自化，我好静而民自正，我无事民自富，我欲不欲而民自朴。

第二十一章（第五十八章）

其正（政）闵闵（闷闷），其民屯屯（惇惇）。其正（政）察察，其邦（民）夬夬（狭狭）。䘩（祸），福之所倚，福，䘩（祸）之所伏。孰知其极？其无正也。正复为奇，善复为妖，人之悉（迷）也，其日固久矣。是以方而不割，兼（廉）而不刺，直而不绁（肆），光而不眺（耀）。

第二十二章（第五十九章）

治人事天莫若啬，夫唯啬，是以蚤（早）服。蚤（早）服是胃（谓）重积德。重积德则无不克，无不克则莫知其极。莫知其极，可以有国。有国之母，可以长久。是胃（谓）深槿（根）固氐（柢），长生久视之道也。

第二十三章（第六十章）

治大国若亨（烹）小鲜，**以道立**（莅）天下，其鬼不神。非其鬼不神也，其神不伤人也。非其申（神）不伤人也，圣人亦弗伤**也**。**夫两不相伤，故**德交归焉。

第二十四章（第六十一章）

大邦者，下流也，天下之牝。天下之郊（交）也，牝恒以靓（静）胜牡。为其靓（静）**也，故**宜为下。大邦**以下小邦**，则取小邦；小邦以下大邦，则取于大邦。故或下以取，或下而取。**故**大邦者，不过欲兼畜人；小邦者，不过欲入事人。夫皆得其欲，**大者宜**为下。

第二十五章（第六十二章）

道者万物之注（主）也，善人之葆（宝）也，不善人之所葆（保）也。美言可以市，尊行可以贺（加）人。人之不善也，何**弃**之有？故立天子，置三卿，虽有共（拱）之璧以先四（驷）马，不善（若）坐而进此。古之所以贵此者何也？不胃（谓）**求**以得，有罪以免舆（与）！故为天下贵。

第二十六章（第六十三章）

为无为，事无事，味无未（味），大小，多少，报怨以德。图难乎**其易也，为大**乎其细也。天下之难作于易，天下之大作于细。是以圣人冬（终）不为大，故能成其大。**夫轻诺必寡信，多易**必多难。是**以圣人犹难之，故**终于无难。

第二十七章（第六十四章）

其安也，易持也。其未兆也，易谋也。其脆也，易判也。其微也，易散也。为之于其未有也，治之于其未乱也。合抱**之木，生于**毫末。九成（层）之台，作于嬴（蔂）土。百仁（仞）之高，台（始）于足下。**为之者败之，执之者失之。是以圣人无为**也，**故无败也**；无执也，故无失也。民之从事也，恒于其（几）成事而败之，故慎终若始，则**无败事矣。是以圣人**欲不欲，而不贵难得之货；学不学，而复众人之所过；能辅万物之自然**，而**弗敢为。

第二十八章（第六十五章）

故曰：为道者非以明民也，将以愚之也。民之难**治也，以其知**（智）**也**。故以知（智）知（治）邦，邦之贼也；以不知（智）知（治）邦，**邦之德也**。恒知此两者，亦稽式也；恒知稽式，此胃（谓）玄德。玄德深矣，远矣，与物**反**矣，乃至大顺。

第二十九章（第六十六章）

江海之所以能为百浴（谷）王者，以其善下之，是以能为百浴（谷）王。是以圣人之欲上民也，必以其言下之；其欲先**民也**，必以其身后之。故居前而民弗害也，居上而民弗重也。天下乐隼（推）而弗厌也，非以其无静（争）与，**故天**下莫能与静（争）。

第三十章（第八十章）

小邦"募"（寡）民。使十百人之器毋用，使民重死而远徙。有车周（舟）无所乘之，有甲兵无所陈**之，使民复结绳而**用之。甘其食，美其服，乐其俗，安其居。㷀（邻）邦相㘅（望），鸡狗之声相闻，民至**老死不相往来**。

第三十一章（第八十一章）

信言不美，美言不信。知者不博，博者不知。善**者不多，多者不善**。圣人无积，既以为人，己俞（愈）有；既以予人矣，己俞（愈）多。**故天之道，利而不害；人之道，为而弗争。**

第三十二章（第六十七章）

天下皆胃（谓）我大，大而不宵（肖）。夫唯**大**，故不宵（肖）；若宵（肖），细久矣。我恒有三葆（宝）之。一曰兹（慈），二曰检（俭），**三曰不敢为天下先。夫兹（慈），故能勇；检（俭），**故能广；不敢为天下先，故能为成事长。今舍（捨）其兹（慈），且勇；舍（捨）其后，且先，则必死矣。夫兹（慈），**以战**则胜，以守则固。天将建之，女（如）以兹（慈）垣之。

第三十三章（第六十八章）

善为士者不武，善战者不怒，善胜敌者弗**与**，善用人者为之下。**是胃**

（谓）不净（争）之德，是胃（谓）用人，是胃（谓）天，古之极也。

第三十四章（第六十九章）

用兵有言曰：吾不敢为主而为客，吾不进寸而芮（退）尺。是胃（谓）行无行，襄（攘）无臂，执无兵，乃无敌矣。䘏（祸）莫于（大）于无适（敌），无适（敌）斤（近）亡吾吾葆（宝）矣。故称兵相若，则哀者胜矣。

第三十五章（第七十章）

吾言甚易知也，甚易行也；而人莫之能知也，而莫之能行也。言有君，事有宗。夫唯无知也，是以不**我知，知我者希，则**我贵矣。是以圣人，被褐而怀玉。

第三十六章（第七十一章）

知不知，尚矣；不知不知，病矣。是以圣人之不病，以其**病病，是以不病**。

第三十七章（第七十二章）

民之不畏畏（威），则大**畏（威）将至**矣。毋闸（狭）其所居，毋厌其所生。夫唯弗厌，是**以不厌。是以圣人自知而不自见也，自爱**而不自贵也。故去被（彼）取此。

第三十八章（第七十三章）

勇于敢者**则杀，**勇于不敢则栝（活）。**此**两者，或利或害。**天之所亚（恶），孰知其故？天之道，不战而善朕（胜）**，不言而善应，不召而自来。弹（坦）而善谋。**天罔祊祊（恢恢），疏而不失**。

第三十九章（第七十四章）

若民恒且不畏死，奈何以杀悹（惧）之也？若民恒是死，则而为者吾将得而杀之，夫孰敢矣。若民**恒且**必畏死，则恒有司杀者。夫伐（代）司杀者杀，是伐（代）大匠斫也。夫伐（代）大匠斫者，则**希**不伤其手矣。

第四十章（第七十五章）

人之饥也，以其取食税之多也，是以饥。百姓之不治也，以其上有以为**也，**是以不治。民之巠（轻）死，以其求生之厚也，是以巠（轻）死。夫唯无以生为者，是贤贵生。

第四十一章（第七十六章）

人之生也柔弱，其死也蓳（筋）仞（朋）贤（坚）强。万物草木之生也柔脆，其死也榉（枯）毳（槁）。故曰：坚强者死之徒也。柔弱微细生之徒也。兵强则不胜，木强则恒（烘）。强大居下，柔弱微细居上。

第四十二章（第七十七章）

天下**之道，犹张弓**者也。高者印（抑）之，下者举之；有余者敓（损）之，不足者补之。故天之道，敓（损）有**余而益不足。人之道则**不然，敓（损）**不足而**奉有余。孰能有余而有以取奉于天者乎？唯又（有）道者乎。是以圣人为而弗又（有），成功而弗居也。若此其不欲见贤也。

第四十三章（第七十八章）

天下莫柔**弱于水，而**攻坚强者莫之能胜也，以其无**以易之也。柔之胜刚也，弱之**胜强。天**下莫弗知也，而**莫之能行也。故圣人之言云，曰：受邦之訽（诟），是胃（谓）社稷之主；受邦之不祥，是胃（谓）天下之王。**正言若反。**

第四十四章（第七十九章）

和大怨，必有余怨，焉可以为善？是以圣右介（契），而不以责于人。故有德司介（契），**无德司**彻（彻）。夫天道无亲，恒与善人。

《道篇》

第四十五章（第一章）

道，可道也，非恒道也。名，可名也，非恒名也。无名，万物之始也；有名，万物之母也。**故**恒无欲也，以观其眇（妙）；恒有欲也，以观其所噭

（徼）。两者同出，异名同胃（谓），玄之有（又）玄，众眇（妙）之门。

第四十六章（第二章）

天下皆知美为美，恶已；皆知善，訾（斯）不善矣。有无之相生也，难易之相成也，长短之相刑（形）也，高下之相盈也，意（音）声之相和也，先后之相隋（随），恒也。是以圣人居无为之事，行**不言之教**。**万物昔（作）而弗始**也，为而弗志（恃）也，成功而弗居也。夫唯居，是以弗去。

第四十七章（第三章）

不上贤，**使民不争**。**不贵难得之货，使民不为盗**。**不见可欲，使民不乱**。是以声（圣）人**之治也，虚其心，实其腹，弱其志，强其骨。恒使民无知无欲也，使夫知（智）不敢，弗为而已，则无不治矣。**

第四十八章（第四章）

道冲（盅），而用之有（又）弗盈也。㴬（渊）呵，始（似）万物之宗。锉（挫）其挩（锐），解其纷，和其光，同**其尘。湛呵似或存**。吾不知**其谁之子**也，象帝之先。

第四十九章（第五章）

天地不仁，以万物为刍狗。声（圣）人不仁，以百省（姓）**为刍狗**。天地**之间，其犹橐籥**与？虚而不淈（屈），踵（动）而俞（愈）出。多闻数穷，不若守于中。

第五十章（第六章）

浴（谷）神**不死**，是胃（谓）玄牝，玄牝之门，是胃（谓）**天地之根**。绵绵呵若存，用之不堇（勤）。

第五十一章（第七章）

天长地久。天地之所以能**长**且久者，以其不自生也，故能长生。是以声（圣）人芮（退）其身而身先，外其身而身存。不以其无**私舆（与）**? 故能成其私。

第五十二章（第八章）

上善治（似）水。水善利万物而有静，居众之所恶，故几于道矣。居善地，心善瀟（渊），予善，信，正（政）善治，事善能，蹱（动）善时。夫唯不静（争），故无尤。

第五十三章（第九章）

植（持）而盈之，不**若其已**。**揣**而兑（锐）□之，**不**可常葆（保）之（也）。金玉盈室，莫之守也。贵富而骄，自遗咎也。功述（遂）身芮（退），天**之道也**。

第五十四章（第十章）

载营柏（魄）**抱一，能毋离**（離）**乎？榑**（抟）**气至**（致）**柔，能婴儿乎？脩**（涤）**除玄蓝**（鉴），**能毋疵乎？爱民栝**（治）**国，能毋以知**（智）**乎？天门启阖，能为雌乎？明白四达，能毋以知乎？生之畜之，生而弗有，长而弗宰也，是胃**（谓）**玄德**。

第五十五章（第十一章）

卅（三十）**辐同一毂，当其无，有车**之用也。埏埴为器，当其无，有埴**器之用也。凿户牖**，当其无，有**室**之用也。故有之以为利，无之以为用。

第五十六章（第十二章）

五色使人目明（盲），驰骋田猎使人**心发狂**，难得之货使人之行方（妨），五味使人之口爽，五音使人之耳聋。是以声（圣）人之治也，为腹不**为目**。故去罢（彼）耳（取）此。

第五十七章（第十三章）

宠辱若惊，贵大梡（患）若身。苟（何）胃（谓）宠辱若惊？宠之为下，得之若惊，失之若惊，是胃（谓）宠辱若惊。何胃（谓）贵大梡（患）若身？吾所以有大梡（患）者，为吾有身也；及吾无身，有何梡（患）？故贵为身于为天下，若可以迈（托）天下矣；爱以身为天下，女（如）可以寄天下。

第五十八章（第十四章）

视之而弗见，名之曰微；听之而弗闻，名之曰希；捪之而弗得，名之曰夷。三者不可至（致）计，故困（混）**而为一**。一者，其上不攸（皦），其下不忽（昧）。寻寻呵不可名也，复归于无物。是胃（谓）无状之状，无物之**象，是胃（谓）沕（忽）望（恍）。随而不见其后，迎**而不见其首。执今之道，以御今之有。以知古始，是胃（谓）**道纪**。

第五十九章（第十五章）

古之善为道者，微眇（妙）玄达，深不可志（识）。夫唯不可志（识），故强为之容。曰：与（豫）呵其若冬**涉水，犹呵其若**畏四邻。**严呵其若客，**涣呵其凌（凌）泽（释），王口（敦）呵其若朴，浑（混）**呵其若浊，湫（旷）呵其若浴（谷）。**浊而情（静）之余（徐）清，女（安）以重（动）之余（徐）生。葆（保）此道不欲盈。夫唯不欲**盈，是以能敝而不**成。

第六十章（第十六章）

至（致）虚极也，守情（静）表（笃）也，万物旁（并）作，吾以观其复也。天（夫）物芸芸，各复归于其**根。归根曰静**。静，是胃（谓）复命。复命常也，知常明也；不知常，市（妄），市（妄）作，凶。知常容，容乃公，公乃王，王乃天，天乃道，**道乃久**，沕（没）身不怠（殆）。

第六十一章（第十七章）

太上，下知有之。其次，亲誉之。其次，畏之。其下，母（侮）之。信不足，案有不信。**犹呵，**其贵言也。成功遂事，而百省（姓）胃（谓）我自然。

第六十二章（第十八章）

故大道废，案有仁义。知（智）快（慧）出，案有大伪。六亲不和，案有畜（孝）兹（慈）。邦家昏乱，案有贞臣。

第六十三章（第十九章）

绝声（圣）弃知（智），民利百负（倍）；绝仁弃义，民复畜（孝）兹（慈）；绝巧弃利，盗贼无有。此三言也，以为文未足，故令之有所属。见素抱**朴，**

少私而寡欲，绝学无忧。

第六十四章（第二十章）

唯与诃，其相去几何？美与恶，其相去何若？人之**所畏**，亦不**可以不畏人。望呵，其未央哉！**众人熙熙（熙熙），若乡（飨）于大牢，而春登台。我泊焉未佻（兆），若**婴儿未咳**；累呵，如**无所归**。**众人**皆有余，我独遗（匮）。我禺（愚）人之心也，蠢蠢（沌沌）呵。鬻（俗）**人昭昭，我独若**昏呵。鬻（俗）人蔡蔡（察察），我独闷闷呵。忽呵，其若**海；望**（恍）呵，其若无所止。**众人皆有以，我独顽**以悝（俚）。我欲独异于人，而贵食母。

第六十五章（第二十一章）

孔德之容，唯道是从。道之物，唯望（恍）唯忽。**忽呵恍**呵，中有象呵；望（恍）呵忽呵，中有物呵；幽呵冥呵，中有请（情）呵。其请（情）甚真，其中**有信**。自今及古，其名不去，以顺众仪（父）。吾何以知众仪（父）之然？以此。

第六十六章（第二十四章）

炊（企）者不立，自视（是）不章（彰），**自见者不明，自伐者无功，自矜者不长。其在道，曰余食赘行。物或恶之，故有欲（裕）者弗居。

第六十七章（第二十二章）

曲则金（全），枉则定（正），洼则盈，敝则新，少则得，多则惑。是以声（圣）人执一，以为天下牧。不**自视（是）故明（彰），不自见故章（明），不自伐故有功，弗矜故能长。夫唯不争，故莫能与之争。古之所胃（谓）曲全者，几（岂）语才（哉）！诚金（全）归之。

第六十八章（第二十三章）

希言自然。飘风不冬（终）朝，暴雨不冬（终）日。孰为此，天地**而弗能久，有（又）兄（况）于人乎！**故从事而道者同于道，德者同于德，者（失）者同于失。同**于德者**，道亦德之。同于**失者**，道亦失之。

第六十九章（第二十五章）

有物昆（混）成，先天地生。繡（寂）呵缪（寥）呵，独立**而不改**，可以为天地母。吾未知其名，字之曰道，吾强为之名曰大。大曰筮（逝），筮（逝）曰远，**远曰反（返）**。**道大**，天大，地大，王亦大。国中有四大，而王居一焉。人法地，地法天，**天法道，道法自然**。

第七十章（第二十六章）

重为巠（轻）根，清（静）为趮（躁）君。是以君子众（终）日行，不离其甾（辎）重，唯（虽）有环（营）官（观），燕处**则昭（超）**若。若何万乘之王，而以身巠（轻）于天下？巠（轻）则失本，趮（躁）则失君。

第七十一章（第二十七章）

善行者无勶（辙）迹，**善**言者无瑕適（谪），善数者不以梼（筹）筴（策），善闭者无阑（关）籥（钥）而不可启也，善结者**无纆**（纆）约而不可解也。是以声（圣）人恒善怵（救）人，而无弃人，物无弃财（材），是胃（谓）悇（袭）明。故善**人，善人**之师；不善人，善人之齎（资）也。不贵其师，不爱其齎（资），唯（虽）知（智）乎大眯（迷）。是胃（谓）眇（妙）要。

第七十二章（第二十八章）

知其雄，守其雌，为天下溪。为天下溪，恒德不雞（离），恒德不雞（离），复归婴儿。知其日（荣），守其辱，为天下浴（谷）。为天下浴（谷），恒德乃**足**。**恒德乃足，复归于**楃（朴）；知其**白**，守其黑，为天下式。为天下式，恒德不忒，恒德不忒，复归于无极。楃（朴）散**则为器**，圣人用则为官长，夫大制无割。

第七十三章（第二十九章）

将欲取天下而为之，吾见其弗**得已**。**夫天下神器也**，非可为者也，为者败之，执者失之。**故**物或行或随，或炅（嘘）或**吹，或强或羸，**或杯（培）或撱（堕）。是以声（圣）人去甚，去大（泰），去楮（奢）。

第七十四章（第三十章）

以道佐人主，不以兵**强于**天下。**其**事好还。师之所居，楚杦（棘）生之。善者果而已矣，毋以取强焉。果而毋骄，果而勿矜，果而勿伐，果而勿得已居，是胃（谓）果而不强。物壮而老，是胃（谓）之不道，不道蚤（早）已。

第七十五章（第三十一章）

夫兵者，不祥之器也。物或恶之，故有欲（裕）者弗居。君子居则贵左，用兵则贵右。故兵者非君子之器也。兵者不祥之器也，不得已而用之。铦袭（恬淡）为上。勿美也，若美之，是乐杀人也。夫乐杀人，不可以得志于天下矣。是以吉事上左，丧事上右。是以便（偏）将军居左，上将军居右，言以丧礼居之也。杀人众，以悲依（哀）立（莅）之。战胜，以丧礼处之。

第七十六章（第三十二章）

道恒无名，楃（朴）唯（虽）小，而天下弗敢臣。侯王若能守之，万物将自宾。天地相谷（合），以俞（雨）甘洛（露），民莫之令而自均焉。始制有名，名亦既有，夫亦将知止，知止所以不殆。俾（譬）道之在天下也，犹小谷（浴）之与江海也。

第七十七章（第三十三章）

知人者知（智）也，自知者明也。朕（胜）人者有力也，自胜者强也。知足者富也，强行者有志也。不失其所者久也，死不忘（亡）者寿也。

第七十八章（第三十四章）

道渢（氾）呵，其可左右也。成功遂事而弗名有也。万物归焉而弗为主，则恒无欲也，可名于小。万物归焉而弗为主，可名于大。是以声（圣）人之能成大也，以其不为大也，故能成大。

第七十九章（第三十五章）

执大象，天下往；往而不害，安平太。乐与饵，过格（客）止。故道之出言也，曰谈（淡）呵其无味也。视之不足见也，听之不足闻也，用之不可既也。

第八十章（第三十六章）

将欲拾（翕）之，必古（固）张之；将欲弱之，**必古（固）**强之；将欲去之，必古（固）与（举）之；将欲夺之，必古（固）予之。是胃（谓）微明。柔弱胜强，鱼不可脱于潚（渊），邦利器不可以视（示）人。

第八十一章（第三十七章）

道恒无名，侯王若守之，万物将自化。化而欲**作，吾将镇之以无**名之楃（朴）。**镇之以**无名之楃（朴），夫将不辱（欲）。不辱（欲）以情（静），天地将自正。

本附文参校文献

［1］裘锡圭，湖南省博物馆，复旦大学出土文献与古文字研究中心. 长沙马王堆汉墓简帛集成［M］. 北京：中华书局，2014.

［2］高明. 帛书老子校注［M］. 北京：中华书局，1996.

［3］许抗生. 帛书老子注译与研究［M］. 杭州：浙江人民出版社，1982.

［4］熊铁基. 道德真经［M］// 张继禹. 中华道藏：第9册. 北京：华夏出版社，2014.

［5］老子，陈鼓应. 老子今注今译［M］. 北京：商务印书馆，2003.

［6］本书附文三今综合本《道德经》原文

附文三　诵读《道德经》
（今综合本注音版）

注：版本出处详见本书《阅读说明》。

第一篇　观道

第一章　众妙之门

道（dào）可（kě）道（dào），非（fēi）常（cháng）道（dào）；名（míng）可（kě）名（míng），非（fēi）常（cháng）名（míng）。无（wú），名（míng）天（tiān）地（dì）之（zhī）始（shǐ）；有（yǒu），名（míng）万（wàn）物（wù）之（zhī）母（mǔ）。故（gù）常（cháng）无（wú），欲（yù）以（yǐ）观（guān）其（qí）妙（miào）；常（cháng）有（yǒu），欲（yù）以（yǐ）观（guān）其（qí）徼（jiào）。此（cǐ）两（liǎng）者（zhě）同（tóng）出（chū）而（ér）异（yì）名（míng），同（tóng）谓（wèi）之（zhī）玄（xuán），玄（xuán）之（zhī）又（yòu）玄（xuán），众（zhòng）妙（miào）之（zhī）门（mén）。

第二章　有无相生

天（tiān）下（xià）皆（jiē）知（zhī）美（měi）之（zhī）为（wéi）美（měi），斯（sī）恶（è）已（yǐ）；皆（jiē）知（zhī）善（shàn）之（zhī）为（wéi）善（shàn），斯（sī）不（bú）善（shàn）已（yǐ）。故（gù）有（yǒu）无（wú）相（xiāng）生（shēng），难（nán）易（yì）相（xiāng）成（chéng），长（cháng）短（duǎn）相（xiāng）形（xíng），高（gāo）下（xià）相（xiāng）倾（qīng），音（yīn）声（shēng）相（xiāng）和（hè），前（qián）后（hòu）相（xiāng）随（suí）。是（shì）以（yǐ）圣（shèng）人（rén）处（chǔ）无（wú）为（wéi）

之事，行不言之教。万物作焉而不辞，生而不有，为而不恃，功成而弗居。夫唯弗居，是以不去。

第三章　无为而治

不尚贤，使民不争。不贵难得之货，使民不为盗。不见可欲，使民心不乱。是以圣人之治：虚其心，实其腹，弱其志，强其骨；常使民无知无欲，使夫知者不敢为也。为无为，则无不治。

第四章　和光同尘

道冲，而用之或不盈。渊兮！似万物之宗。挫其锐，解其纷，和其光，同其尘。湛兮！似或存。吾不知谁之子，象帝之先。

第五章　天地之间

天地不仁，以万物为刍狗；圣人不仁，以百姓为刍狗。天地之间，其犹橐籥乎？虚而不屈，动而愈出。多言数穷，不如守中。

第六章　天地之根

谷神不死，是谓玄牝。玄牝之门，是谓天地根。绵绵若存，用之不勤。

第七章　天长地久

天长地久。天地之所以能长且久者，以其不自生，故能长生。是以圣人后其身而身先，外其身而身存。非以其无私邪，故能成其私。

第八章　上善若水

上善若水，水善利万物而有静，居众人之所恶，故几于道。居善地，心善渊，予善天；言善信，正善治，事善能，动善时。夫唯不争，故无尤。

第九章　功遂身退

持而盈之，不如其已。揣而锐之，不可长保。金玉满堂，莫之能守；富贵而骄，自遗其咎。功遂身退,天之道。

第二篇　体道

第十章　玄德无为

载营魄抱一,能无离乎?抟气致柔,能婴儿乎?涤除玄览,能无疵乎?爱民治国,能无为乎?天门开阖,能为雌乎?明白四达,能无知乎?生之畜之,生而不有,为而不恃,长而不宰,是谓玄德。

第十一章　无以为用

三十辐共一毂,当其无,有车之用。埏埴以为器,当其无,有器之用。凿户牖以为室,当其无,有室之用。故有之以为利,无之以为用。

第十二章　五欲之治

五色令人目盲,五音令人耳聋,五味令人口爽,驰骋畋猎令人心发狂,难得之货令人行妨。是以圣人为腹不为目,故去彼取此。

第十三章　宠辱若惊

宠辱若惊，贵大患若身。何谓宠辱若惊？宠之为下，得之若惊，失之若惊，是谓宠辱若惊。何谓贵大患若身？吾所以有大患者，为吾有身。及吾无身，吾有何患。故贵为身于为天下，若可以托天下；爱以身为天下，如可以去天下。

第十四章　古今道纪

视之不见，名曰夷；听之不闻，名曰希；搏之不得，名曰微。此三者不可致诘，故混而为一。一者，其上不皦，其下不昧，绳绳兮不可名，复归于无物。是谓无状之状，无物之象，是谓惚恍。迎之不见其首，随之不见其后，执古之道，以御今之有。以知古始，是谓道纪。

第十五章　善为士者

古之善为士者，微妙玄达，深不可识。夫唯不可识，故强为之容：豫兮，若冬涉川；犹兮，若畏四邻；俨兮，其若客；涣兮，其若凌释；敦兮，其若朴；旷兮，其若谷；混兮，其若浊。浊而静之徐清，安以动之徐生。保此道者不欲盈，夫唯不盈，故能敝而不成。

第十六章　致虚守静

致虚极，守静笃，万物并作，吾以观其复。夫物芸芸，各复归其根。归根曰静，静曰复命，复命曰常，知常曰明，不知常妄作凶。知常容，容乃公，公乃王，王乃天，天乃道，道乃久，没身不殆。

第十七章　成事遂功

太上，下知有之；其次，亲之誉之；其次，畏之；其次，侮之。信不足，安有不信。犹兮其贵言，成事遂功，百姓皆谓我自然。

第十八章　孝慈仁义

故大道废，安有仁义？智慧出，安有大伪？六亲不和，安有孝慈。国家昏乱，安有忠臣。

第三篇　悟道

第十九章　见素抱朴

绝智弃辩，民利百倍；绝巧弃利，盗贼亡有；绝为弃虑，民复季子。此三言也，以为文未足，故令之有所属：见素抱朴，少私寡欲。绝学无忧。

第二十章　独异于人

唯之与阿，相去几何？美之与恶，相去何若？人之所畏，亦不可不畏人。望兮，其未央才！众人熙熙，如享太牢，如春登台。我独泊兮其未兆，如婴儿之未孩；累累兮，若无所归。众人皆有余，而我独若遗。我愚人之心也哉！沌沌兮！俗人昭昭，我独昏昏。俗人察察，我独闷闷。澹兮，其若海；飂兮，若无止。众人皆有以，而我独顽且鄙。我独异于人，而贵食母。

《道德经》与幸福人生

第二十一章　孔德之容

孔德之容，唯道是从。道之为物，唯恍唯惚。惚兮恍兮，其中有象；恍兮惚兮，其中有物；窈兮冥兮，其中有精。其精甚真，其中有信。自古及今，其名不去，以阅众父。吾何以知众父之然哉？以此。

第二十二章　抱一为式

曲则全，枉则正，洼则盈，敝则新，少则得，多则惑。是以圣人抱一为天下式。不自是故彰，不自见故明，不自伐故有功，不自矜故长。夫唯不争，故天下莫能与之争。古之所谓"曲则全"者，岂虚言哉？诚全而归之。

第二十三章　同道同德

希言自然。飘风不终朝，骤雨不终日。孰为此？天地而不能久，又况于人乎？故从事于道者同于道，德者同于德，失者同于失。同于德者，道亦德之；同于失者，道亦失之。

第二十四章　道者不处

炊者不立，跨者不行，自见者不明，自是者不彰，自伐者无功，自矜者不长。其在道也，曰余食赘行。物或恶之，故有道者不处。

第二十五章　道法自然

有物混成，先天地生。寂兮寥兮，独立而不改，周行而不殆，可以为天下母。吾不知其名，字之曰道，强为之名曰大。大曰逝，逝曰远，远曰反。故道大，天大，地大，王亦大。域中有四大，而王居其一焉。人法地，地法天，天法道，道法自然。

第二十六章　戒轻戒躁

重为轻根，静为躁君。是以君子终日行不离其辎重，虽有荣观，燕处超然。奈何万乘之主，而以身轻天下。轻则失本，躁则失君。

第二十七章　尊师重道

善行无辙迹，善言无瑕谪，善数不用筹策，善闭无关楗而不可开，善结无绳约而不可解。是以圣人，常善救人，故无弃人；常善救物，故无弃物，是谓袭明。故善人者，不善人之师；不善人者，善人之资。不贵其师，不爱其资，虽智大迷。是谓要妙。

第四篇　行道

第二十八章　朴散成器

知其雄，守其雌，为天下溪。为天下溪，常德不离，复归于婴儿。知其白，守其黑，为天下式。为天下式，常德不忒，复归于无极。知其荣，守其辱，为天下谷。为天下谷，常德乃足，复归于朴。朴，散则为器。圣人用之，则为官长，故大制不割。

第二十九章　天下神器

将欲取天下而为之，吾见其不得已。天下神器，不可为也，为者败之，执者失之。故物或行或随，或歔或吹，或强或羸，或载或隳。是以圣人去甚，去奢，去泰。

第三十章　善者果己

以道佐人主者，不以兵强天下，其事好还。师之所处，荆棘生焉。大军之后，必有凶年。善者果而已，不敢以取强。果而勿矜，果而勿伐，果而勿骄，果而不得已，果而勿强。物壮则老，是谓不道，不道早已。

第三十一章　道不处兵

夫兵者，不祥之器。物或恶之，故有道者不处。君子居则贵左，用兵则贵右。兵者不祥之器，非君子之器，不得已而用之。恬淡为上，胜而不美。而美之者，是乐杀人。夫乐杀人者，则不可以得志于天下矣。是以吉事尚左，凶事尚右。是以偏将军居左，上将军居右，言以丧礼居之也。杀人众，以悲哀莅之；战胜，以丧礼处之。

第三十二章　道常无名

道常无名，朴虽小，天下莫能臣。侯王若能守之，万物将自宾。天地相合，以降甘露，民莫之令而自均。始制有名，名亦既有，夫亦将知止，知止所以不殆。譬道之在天下，犹川谷之与江海。

第三十三章　不失其所

知人者智，自知者明。胜人者有力，自胜者强。知足者富，强行者有志。不失其所者久，死而不亡者寿。

第三十四章　自不为大

大道氾兮，其可左右。万物恃之以生而不辞，功成而不名有，衣养万物而不为主。常无欲，可名于小；万物归焉而不为主，可名为大。以其终不自为大，故能成其大。

第三十五章　执大象往

执大象，天下往。往而不害，安平太。乐与饵，过客止。道之出口，淡乎其无味。视之不足见，听之不足闻，用之不可既。

第三十六章　以柔胜刚

将欲噏之，必固张之；将欲弱之，必固强之；将欲废之，必固兴之；将欲夺之，必固与之。是谓微明。柔弱胜刚强。鱼不可脱于渊，国之利器不可以示人。

第五篇　至德

第三十七章　道常无为

道常无为而无不为。侯王若能守之，万物将自化。化而欲作，吾将镇之以无名之朴。镇之以无名之朴，夫将不欲，不欲以静，天下将自定。

第三十八章　处实不华

上德不德，是以有德。下德不失德，是以无德。上德无为而无以为，下德为之而有以为。上仁为之而无以为，上义为之而有以为。上礼为之而莫之应，则攘臂而扔之。故失道而后德，失德而后仁，失仁而后义，失义而后礼。夫礼者，忠信之薄而乱之首。前识者，道之华而愚之始。是以大丈夫处其厚，不居其薄。处其实，不居其华。故去彼取此。

第三十九章　至誉无誉

昔之得一者：天得一以清；地得一以宁；神得一以灵；谷得一以盈；万物得一以生；侯王得一以为天下正。其致之也：天无以清将恐裂；地无以宁将恐发；神无以灵将恐歇；谷无以盈将恐竭；万物无以生将恐灭；侯王无以高贵将恐蹶。故贵以贱为本，高以下为基。是以侯王自谓孤、寡、不穀，此其以贱为本邪？非乎。故至誉无誉。不欲琭琭如玉，珞珞如石。

第四十章　道之运用

反者，道之动。弱者，道之用。天下万物生于有，有生于无。

第四十一章　善始善成

上士闻道，勤而行之；中士闻道，若存若亡；下士闻道，大笑之。不笑不足以为道。故建言有之：明道若昧，进道若退，夷道若颣。上德若谷，大白若辱。广德若不足，建德若偷，质真若渝。大方无隅，大器曼成。大音希声，大象无形，道隐无名。夫唯道，善始且善成。

第四十二章　三生万物

道生一，一生二，二生三，三生万物。万物负阴而抱阳，冲气以为和。人之所恶，唯孤、寡、不穀，而王公以为称。故物或损之而益，或益之而损。人之所教，我亦教之。强梁者不得其死，吾将以为教父。

第四十三章　不言之教

天下之至柔，驰骋天下之至坚。无有入于无间，吾是以知无为之有益。不言之教，无为之益，天下希及之。

第四十四章　知足知止

名与身孰亲？身与货孰多？得与亡孰病？甚爱必大费，多藏必厚亡。知足不辱，知止不殆，可以长久。

第四十五章　清静为正

大成若缺，其用不弊。大盈若冲，其用不穷。大直若屈，大巧若拙，大赢若绌。躁胜寒，静胜热，清静为天下正。

第六篇　善德

第四十六章　知足之足

天下有道，却走马以粪；天下无道，戎马生于郊。罪莫大于可欲，祸莫大于不知足，咎莫大于欲得。故知足之足，常足矣。

第四十七章　不为而成

不出户，以知天下；不窥牖，以见天道。其出弥远，其知弥少。是以圣人不行而知，不见而明，不为而成。

第四十八章　为道日损

为学日益，为道日损。损之又损，以至于无为，无为而无不为。取天下常以无事，及其有事，不足以取天下。

第四十九章　圣人之心

圣人常无心，以百姓心为心。善者吾善之，不善者吾亦善之，德善。信者吾信之，不信者吾亦信之，德信。圣人在天下歙歙，为天下浑其心。百姓皆注其耳目，圣人皆孩之。

第五十章　善摄生者

出生入死。生之徒,十有三;死之徒,十有三;人之生,动之死地,亦十有三,夫何故?以其生生之厚。盖闻善摄生者:陆行不遇兕虎,入军不被甲兵。兕无所投其角,虎无所措其爪,兵无所容其刃。夫何故?以其无死地。

第五十一章　尊道贵德

道生之,德畜之,物形之,势成之。是以万物莫不尊道而贵德。道之尊,德之贵,夫莫之命而常自然。故道生之,德畜之,长之,育之,亭之,毒之,养之,覆之。生而不有,为而不恃,长而不宰,是谓玄德。

第五十二章　复归其明

天下有始,以为天下母。既得其母,以知其子。既知其子,复守其母,没身不殆。塞其兑,闭其门,终身不勤。开其兑,济其事,终身不救。见小曰明，守柔曰强。用其光，复归其明，无遗身殃，是谓袭常。

第五十三章　大道甚夷

使我絜有知，行于大道，唯迤是畏。大道甚夷，而民好径。朝甚除，田甚芜，仓甚虚；服文采，带利剑，厌饮食，财货有余。是谓盗竽。非道也哉！

第五十四章　善行天下

善建者不拔，善抱者不脱，子孙以祭祀不辍。修之于身，其德乃真；修之于家，其德乃余；修之于乡，其德乃长；修之于国，其德乃丰；修之于天下，其德乃普。故以身观身，以家观家，以乡观乡，以国观国，以天下观天下。吾何以知天下之然哉？以此。

第七篇　厚德

第五十五章　含德之厚

含德之厚，比于赤子。毒虫不螫，猛兽不据，攫鸟不搏，骨弱筋柔而握固，未知牝牡之合而朘作，精之至也；终日号而不嗄，和之至也。知和曰常，知常曰明，益生曰祥，心使气曰强。物壮则老，谓之不道，不道早已。

第五十六章　玄同之贵

知者不言，言者不知。塞其兑，闭其门，挫其锐，解其纷，和其光，同其尘，是谓玄同。故不可得而亲，不可得而疏；不可得而利，不可得而害；不可得而贵，不可得而贱。故为天下贵。

第五十七章　以正治国

以正治国，以奇用兵，以无事取天下。吾何以知其然哉？以此：天下多忌讳，而民弥畔；人多利器，国家滋昏；人多伎巧，奇物滋起；法物滋彰，盗贼多有。故圣人云："我无为而民自化，我好静而民自正，我无事而民自富，我无欲而民自朴。"

第五十八章　光而不耀

其政闷闷，其民淳淳；其政察察，其国夬夬。祸兮福之所倚，福兮祸之所伏。孰知其极？其无正也。正复为奇，善复为妖。人之迷，其日固久。是以圣人方而不割，廉而不刿，直而不肆，光而不耀。

第五十九章　积功累德

治人事天，莫若啬。夫唯啬，是谓早服。早服，谓之重积德。重积德则无不克，无不克则莫知其极；莫知其极，可以有国；有国之母，可以长久。是谓深根固柢、长生久视之道。

第六十章　德交归焉

治大国若烹小鲜。以道莅天下，其鬼不神。非其鬼不神，其神不伤人。非其神不伤人，圣人亦不伤人，夫两不相伤，故德交归焉！

第六十一章　邦交天下

大国者下流，天下之牝，天下之交。牝常以静胜牡，以静为下。故大国以下小国，则取小国；小国以下大国，则取大国。故或下以取，或下而取。大国不过欲兼畜人，小国不过欲入事人。夫各得其欲，则大者宜为下。

第六十二章　天下之贵

道者万物之奥，善人之宝，不善人之所保。美言可以市，尊行可以加人。人之不善，何弃之有？故立天子，置三公，虽有拱璧以先驷马，不若坐进此道。古之所以贵此道者何？不曰求以得，有罪以免邪？故为天下贵。

第六十三章　犹难无难

为无为，事无事，味无味。大小多少，报怨以德。图难于其易，为大于其细。天下难事必作于易，天下大事必作于细。是以圣人终不为大，故能成其大。夫轻诺必寡信，多易必多难。是以圣人犹难之，故终无难。

第八篇　施德

第六十四章　千里之行

其安易持，其未兆易谋，其脆易判，其微易散；为之于未有，治之于未乱。合抱之木，生于毫末；九层之台，起于累土；千里之行，始于足下；为者败之，执者失之。是以圣人无为，故无败；无执，故无失。民之从事，常于几成而败之。慎终如始，则无败事。是以圣人欲不欲，而不贵难得之货；学不学，而复众人之所过；能辅万物之自然，而不敢为。

第六十五章　天下大顺

古之善为道者，非以明民，将以愚之。民之难治，以其智多。故以智治国，国之贼；不以智治国，国之福。知此两者，亦稽式。常知稽式，是谓玄德。

玄德深矣，远矣，与物反矣，然后乃至大顺。

第六十六章　百谷王者

江海之所以能为百谷王者，以其善下之，故能为百谷王。是以圣人欲上民，必以言下之；欲先民，必以身后之。是以圣人，处上而民不重，处前而民不害。是以天下乐推而不厌，以其不争，故天下莫能与之争。

第六十七章　持守三宝

天下皆谓我道大，似不肖。夫唯大，故似不肖。若肖，久矣其细也夫。我有三宝持而保之：一曰慈，二曰俭，三曰不敢为天下先。慈，故能勇；俭，故能广；不敢为天下先，故能成器长。今舍慈且勇，舍俭且广，舍后且先，死矣！夫慈以战则胜，以守则固。天将救之，以慈卫之。

第六十八章　古今之极

善为士者不武，善战者不怒。善胜敌者不与，善用人者为之下。是谓不争之德，是谓用人之力，是谓配天，古之极也。

第六十九章　哀者胜矣

用兵有言：吾不敢为主而为客，不敢进寸而退尺。是谓行无行，攘无臂，执无兵，乃无敌。祸莫大于无敌，无敌近亡吾宝。故抗兵相若，哀者胜矣。

第七十章　被褐怀玉

吾言甚易知，甚易行。天下莫能知，莫能行。言有宗，事有君。夫唯无知，是以不我知？知我者希，则我者贵。是以圣人，被褐怀玉。

第七十一章　知不知知

知不知，尚；不知知，病。夫唯病病，是以不病。圣人不病，以其病病，是以不病。

第七十二章　无厌其生

民不畏威，则大威至。无狎其所居，无厌其所生。夫唯不厌，是以不厌。是以圣人自知不自见，自爱不自贵，故去彼取此。

第九篇　道德

第七十三章　天网恢恢

勇于敢则杀，勇于不敢则活。此两者，或利或害，天之所恶，孰知其故？是以圣人犹难之。天之道：不争而善胜，不言而善应，不召而自来，繟然而善谋。天网恢恢，疏而不失。

第七十四章　司杀者杀

若民恒且不畏死，奈何以杀惧之也？若民恒且畏死，而为奇者，吾得执而杀之，夫孰敢矣？若民恒且必畏死，则当有司杀者杀。夫代司杀者杀，是代大匠斫也。夫代大匠斫者，希不伤其手矣。

第七十五章　贤于贵生

人之饥也，以其上取食税之多也，是以饥。百姓之不治，以其上有以为也，是以不治。民之轻死，以其上求生之厚也，是以轻死。夫唯无以生为者，是贤于贵生。

第七十六章　柔弱处上

人之生也柔弱，其死也坚强。万物草木之生也柔脆，其死也枯槁。故坚强者死之徒，柔弱者生之徒。是以兵强则不胜，木强则折。强大处下，柔弱处上。

第七十七章　天道犹弓

天之道，其犹张弓欤？高者抑之，下者举之；有余者损之，不足者补之。天之道，损有余而补不足。人之道则不然，损不足以奉有余。孰能有余以奉天下？唯有道者。是以圣人，为而不恃，功成而不处，其不欲见贤。

第七十八章　正言若反

天下莫柔弱于水，而攻坚强者，莫之能胜，其无以易之。弱之胜强，柔之胜刚，天下莫不知，莫之能行。是以圣人云：受国之垢，是谓社稷主；受国不祥，是谓天下王。正言若反。

第七十九章　常与善人

和大怨，必有余怨，安可以为善？是以圣人执右契，而不责于人。有德司契，无德司彻。天道无亲，常与善人。

第八十章　小国寡民

小国寡民。使有什伯人之器而不用，使民重死而不远徙。虽有舟舆无所乘之，虽有甲兵无所陈之，使民复结绳而用之。甘其食，美其服，安其居，乐其俗。邻国相望，鸡犬之声相闻，民至老死不相往来。

第八十一章　利而不害

信言不美，美言不信；知者不博，博者不知；善者不多，多者不善。圣人不积，既以为人，己愈有；既以与人，己愈多。天之道，利而不害；人之道，为而不争。

本附文参考文献

［1］本书附文一楚简本《道德经》原文

［2］本书附文二帛书本《道德经》原文

［3］王卡. 老子道德经河上公章句［M］. 北京：中华书局，1993.

［4］王弼，楼宇烈. 老子道德经注校释［M］. 北京：中华书局，2008.

［5］熊铁基. 道德真经［M］// 张继禹. 中华道藏：第9册. 北京：华夏出版社，2014.